ΠΑΡΑΜΑΧΑΝΣΑ ΓΙΟΓΚΑΝΑΝΤΑ

(1893 – 1952)

ΜΕΣΑ ΣΤΟ ΙΕΡΟ
ΤΗΣ ΨΥΧΗΣ

ΕΝΑΣ ΟΔΗΓΟΣ ΓΙΑ
ΑΠΟΤΕΛΕΣΜΑΤΙΚΗ ΠΡΟΣΕΥΧΗ

ΠΑΡΑΜΑΧΑΝΣΑ
ΓΙΟΓΚΑΝΑΝΤΑ

Τίτλος πρωτοτύπου στα Αγγλικά που εκδόθηκε από το
Self-Realization Fellowship, Los Angeles (California):

In the Sanctuary of The Soul – A Guide to Effective Prayer
ISBN-13: 978-0-87612-171-9
ISBN-10: 0-87612-171-7

Μεταφρασμένο στα Ελληνικά από το Self-Realization Fellowship
Copyright © 2013 Self-Realization Fellowship

Όλα τα δικαιώματα διατηρούνται. Εκτός από σύντομα αποσπάσματα του βιβλίου, επί λέξει σε εισαγωγικά, κανένα τμήμα του *Μέσα στο Ιερό της Ψυχής (In the Sanctuary of the Soul)* δεν επιτρέπεται να αναπαραχθεί, αναδημοσιευθεί, αποθηκευτεί, μεταδοθεί ή προβληθεί σε οποιαδήποτε μορφή, ή με οποιοδήποτε μέσον (ηλεκτρονικό, μηχανικό ή άλλο) που είναι γνωστό τώρα ή θα εφευρεθεί στο μέλλον – περιλαμβανομένων φωτοτυπιών, ηχητικών καταγραφών, ή οποιουδήποτε συστήματος αποθήκευσης ή ανάκτησης πληροφοριών ή φωτοανατύπωσης, απαγορεύεται η εν γένει εκμετάλλευση του έργου ή μέρους αυτού χωρίς προηγούμενη γραπτή άδεια από το Self-Realization Fellowship, 3880 San Rafael Avenue, Los Angeles, California 90065-3219, USA.

 Εξουσιοδοτημένη έκδοση από το Συμβούλιο Διεθνών Εκδόσεων του Self-Realization Fellowship

Το όνομα και το έμβλημα του *Self-Realization Fellowship* (που φαίνονται παραπάνω) υπάρχουν σε όλα τα βιβλία, καταγραφές και άλλες δημοσιεύσεις SRF, διαβεβαιώνοντας τον αναγνώστη ότι ένα έργο προέρχεται από την κοινότητα που ίδρυσε ο Παραμαχάνσα Γιογκανάντα και μεταβιβάζει πιστά τις διδασκαλίες του.

1η έκδοση στα Ελληνικά από το *Self-Realization Fellowship*, 2013
First edition in Greek from Self-Realization Fellowship, 2013

ISBN-13: 978-0-87612-386-7
ISBN-10: 0-87612-386-8

1634-J1698

ΠΕΡΙΕΧΟΜΕΝΑ

Πρόλογος από τη Σρι Ντάγια Μάτα VII

ΤΜΗΜΑ I
Η Προσευχή Είναι Απαίτηση της Ψυχής 1

ΤΜΗΜΑ II
Αυτοσυγκέντρωση:
Το Προοίμιο της Αληθινής Προσευχής 35

ΤΜΗΜΑ III
Να Γνωρίζετε για τι Ακριβώς Προσεύχεστε 57

ΤΜΗΜΑ IV
Να Έχετε Μια Καθαρή Σύλληψη Του Θεού 71

ΤΜΗΜΑ V
Να Προσεύχεστε με Ισχυρή Δύναμη Θελήσεως 79

ΤΜΗΜΑ VI
Ανακτήστε το Εσωτερικό Σας Άδυτο 95

ΠΡΟΛΟΓΟΣ

Από τη Σρι Ντάγια Μάτα (1914-2010), τρίτη πρόεδρο και πνευματική ηγέτιδα του Self-Realization Fellowship[1] / Yogoda Satsanga of India.

Γνώρισα τον Παραμαχάνσα Γιογκανάντα το 1931, όταν ήρθε στη γενέτειρά μου, το Salt Lake City, για μια σειρά διαλέξεων και μαθημάτων. Ήταν μια γνωριμία που άλλαξε βαθιά τη ζωή μου.

Αν και ήμουν ακόμα έφηβη, αναζητούσα πνευματικές απαντήσεις. Είχα παρακολουθήσει κηρύγματα διαφόρων ιερέων της εκκλησίας· αλλά η καρδιά μου παρέμενε ανικανοποίητη: «Όλοι μιλούν για το Θεό, αλλά υπάρχει κανείς που να Τον γνωρίζει πραγματικά;».

---

[1] Επί λέξει, στα Ελληνικά, «Αδελφότητα της συνειδητοποίησης του Εαυτού» (πουθενά όμως δεν απαντάται μ' αυτό το μεταφρασμένο όνομα). Ο Παραμαχάνσα Γιογκανάντα εξήγησε ότι το όνομα Self-Realization Fellowship σημαίνει «Αδελφότητα με το Θεό μέσω συνειδητοποίησης του Εαυτού και φιλία με όλες τις ψυχές που αναζητούν την Αλήθεια». *(Σημείωση του Εκδότη)*

Μόλις μπήκα στο κατάμεστο αμφιθέατρο όπου μιλούσε ο Παραμαχάνσα Γιογκανάντα, η πνευματική ανάταση, η δύναμη και η αγάπη που ακτινοβολούσε η παρουσία του, με έπεισαν αμέσως –ως τα τρίσβαθα της ύπαρξής μου– ότι βρισκόμουν μπροστά σε κάποιον ο οποίος είχε βρει το Θεό και μπορούσε να με οδηγήσει σ' Αυτόν.

Ένα βράδυ μίλησε για την πίστη και τη δύναμη της θέλησης. Με ενέπνευσε τόσο πολύ που, καθώς τον άκουγα, ένιωσα πως ήταν σίγουρα εφικτό να μετακινήσει κάποιος βουνά με την πίστη στο Θεό.

Όταν τελείωσε η διάλεξη, περίμενα να τον χαιρετήσω. Για αρκετό καιρό υπέφερα από σοβαρή δηλητηρίαση του αίματος σε όλο τον οργανισμό μου –συνέπεια ενός ατυχήματος στο Γυμνάσιο– και οι γιατροί αδυνατούσαν να βρουν θεραπεία. Κατά τη διάρκεια της συζήτησής μας, μου είπε ξαφνικά: «Πιστεύεις ότι ο Θεός μπορεί να σε θεραπεύσει;». Τα μάτια του έλαμπαν από θεϊκή δύναμη.

Απάντησα: «*Γνωρίζω* ότι ο Θεός μπορεί να με θεραπεύσει».

Με άγγιξε στο μέτωπο ευλογώντας με. Ύστερα είπε: «Απ' αυτήν την ημέρα έχεις θεραπευτεί. Μέσα σε μία εβδομάδα οι ουλές σου θα έχουν εξαφανιστεί». Κι αυτό ακριβώς συνέβη. Μέσα σε μία εβδομάδα ανάρρωσα πλήρως και έκτοτε η αρρώστια δεν επανήλθε.

Για τον Παραμαχάνσα Γιογκανάντα η πίστη και η προσευχή στο Θεό δεν ήταν θέμα ευσεβών πόθων ή πεποίθησης που δεν μπορούσε να αποδειχθεί. Προσέγγιζε με επιστημονικό τρόπο την προσευχή, τρόπο που φέρνει άμεσα αποτελέσματα, άμεση εμπειρία. Δίδαξε σε χιλιάδες ανθρώπους σε όλο τον κόσμο αυτήν την πνευματική επιστήμη –τη γιόγκα, την επιστήμη της ψυχής– τις σαφείς μεθόδους της εσωτερικής κοινωνίας με τις οποίες κάθε ψυχή μπορεί να βιώσει την ένωσή της με το Θεό.[2]

«Ησυχάστε και γνωρίστε ότι εγώ είμαι ο Θεός». Τα λόγια αυτά των Ψαλμών περιγράφουν το σκοπό

---

[2] Αυτές οι επιστημονικές τεχνικές διαλογισμού που δίδαξε ο Παραμαχάνσα Γιογκανάντα είναι διαθέσιμες σε σειρές μαθημάτων για μελέτη στο σπίτι από το Self-Realization Fellowship. Βλ. στο τέλος του βιβλίου.

της γιόγκα. Στην εσωτερική ησυχία που προκύπτει από το βαθύ διαλογισμό, ο καθένας μπορεί να βρει μια προσωπική επαφή με το Θεό. Τότε η προσευχή γίνεται πραγματικά δυναμική – μια προσωπική ανταλλαγή αγάπης ανάμεσα στην ψυχή και τον Δημιουργό της, μέσα στο εσωτερικό άδυτο της σιωπής.

Τα πολλά βιβλία του Παραμαχάνσα Γιογκανάντα και η συλλογή των ομιλιών και των δοκιμίων του περιέχουν πολλά αποσπάσματα σχετικά με τον τρόπο με τον οποίο μπορεί να γίνει η προσευχή αποτελεσματική. Σ' αυτό το μικρό βιβλίο έχουμε συγκεντρώσει ένα αντιπροσωπευτικό δείγμα. Όσοι ξεκινούν τώρα στο μονοπάτι της εσωτερικής ζωής προς το Πνεύμα θα βρουν έμπνευση και ξεκάθαρη καθοδήγηση για να αρχίσουν την πορεία τους. Όσοι ακολουθούν ήδη ένα πρόγραμμα προσευχής και διαλογισμού στην καθημερινή τους ζωή, ο οδηγός αυτός θα φέρει μια νέα προσέγγιση και εμβάθυνση της σχέσης τους με το Θεό.

Το επίκεντρο της διδασκαλίας του Παραμαχάνσα

Γιογκανάντα είναι ότι ο Θεός δεν είναι απόμακρος και απρόσιτος. Πράγματι, ο Θεός είναι «ο πιο κοντινός των κοντινών, ο πιο αγαπημένος των αγαπημένων, ο πιο οικείος από τους οικείους – ακριβώς πίσω από τις σκέψεις και τα συναισθήματά μας, ακριβώς πίσω από τα λόγια με τα οποία προσευχόμαστε».

Όπως αποδεικνύει ο Παραμαχάνσατζι στα επιλεγμένα αποσπάσματα αυτού του βιβλίου, αν αφιερώνουμε έστω και λίγο χρόνο κάθε μέρα στην προσευχή και το διαλογισμό, ο Άπειρος Πατέρας –Μητέρα–Φίλος γίνεται μια ζωντανή, φωτεινή Παρουσία στη ζωή μας – φέρνοντας δύναμη, καθοδήγηση, ανανέωση, θεραπεία.

Αυτή είναι η προσευχή μου για σας, τον αναγνώστη· και ξέρω ότι θα ήταν επίσης και του Παραμαχάνσατζι.

Λος Άντζελες
Ιανουάριος 1998

ΤΜΗΜΑ

I

Η Προσευχή Είναι Απαίτηση της Ψυχής

ΜΠΕΙΤΕ ΣΤΗ ΣΙΓΗ ΤΗΣ ΨΥΧΗΣ ΣΑΣ

Ο ναός του Θεού βρίσκεται μέσα στην ψυχή σας. Μπείτε σ' αυτή την ησυχία και καθίστε εκεί σε διαλογισμό με το φως της διαίσθησης να λάμπει στο ιερό. Δεν υπάρχει νευρικότητα ούτε αναζήτηση ούτε αγώνας εκεί. Ελάτε στη σιωπή της απομόνωσης. [...]

—⁂—

Μπείτε στο εσώτατο άδυτο της ψυχής. [...] Θυμηθείτε και συνειδητοποιήστε την ξεχασμένη εικόνα του Θεού μέσα σας.

—⁂—

Ο καθένας μας είναι παιδί του Θεού. Έχουμε γεννηθεί από το πνεύμα Του, μέσα σε όλη την αγνότητα, τη δόξα και τη χαρά Του. Αυτή την κληρονομιά δεν μπορεί να μας την πάρει κανείς. [...] Η Βίβλος λέει: «Δε γνωρίζετε ότι είστε ο ναός του Θεού και ότι το Πνεύμα του Θεού κατοικεί μέσα σας;». Να θυμάστε πάντα: ο Πατέρας σας σας αγαπά άνευ όρων. [...]

Δε χρειάζεται να καταφύγουμε στη ζούγκλα για να Τον αναζητήσουμε. Μπορούμε να Τον βρούμε μέσα σ' αυτήν τη ζούγκλα της καθημερινής ζωής, στη σπηλιά της εσωτερικής σιωπής.

—❧—

Έστω κι αν δεν κάνετε τίποτε άλλο από το να προσεύχεστε ειλικρινά σ' Αυτόν, η μεγάλη χαρά Του τελικά θα έρθει μέσα σας.

—❧—

Η αληθινή προσευχή είναι μια έκφραση της ψυχής, μια παρόρμηση της ψυχής. Είναι μια δίψα για το Θεό που εγείρεται από μέσα μας και εκφράζεται προς Αυτόν με θέρμη, σιωπηλά.

—❧—

Να Του μιλάτε διαρκώς μέσα σας· τότε δεν μπορεί να μείνει μακριά σας.

—❧—

Ο Κύριος είναι η Μητέρα όλων των μητέρων, ο Πατέρας όλων των πατέρων, ο Ένας Φίλος πίσω απ' όλους τους φίλους. Αν Τον σκέφτεστε πάντα ως τον πιο κοντινό των κοντινών, θα δείτε πολλά θαύματα στη ζωή σας. «Περπατά μαζί μου και μιλά μαζί μου και μου λέει ότι είμαι δικός Του».

ΟΤΑΝ ΤΙΠΟΤΑ ΑΝΘΡΩΠΙΝΟ ΔΕΝ ΜΠΟΡΕΙ ΝΑ ΒΟΗΘΗΣΕΙ

Υπάρχουν δύο τρόποι να φροντίζουμε για τις ανάγκες μας. Ο ένας είναι ο υλικός. Για παράδειγμα, όταν είμαστε άρρωστοι μπορούμε να πάμε σ' ένα γιατρό για να μας θεραπεύσει. Έρχεται όμως κάποια στιγμή που τίποτα ανθρώπινο δεν μπορεί να βοηθήσει. Τότε στρεφόμαστε στον άλλο τρόπο, στην Πνευματική Δύναμη, στο Δημιουργό του σώματος, του νου και της ψυχής μας. Η υλική δύναμη είναι περιορισμένη και όταν αποτυγχάνει στρεφόμαστε στην απεριόριστη Θεϊκή Δύναμη. Το ίδιο ισχύει και όσον αφορά τις οικονομικές μας ανάγκες. Όταν έχουμε καταβάλει κάθε προσπάθεια, αλλά και πάλι αυτή δεν είναι αρκετή, στρεφόμαστε σ' εκείνη την άλλη Δύναμη. [...]

Δε θα πρέπει να προσπαθούμε μόνο να αποκτήσουμε οικονομική εξασφάλιση και υγεία, αλλά και να βρούμε το νόημα της ζωής. Ποιο είναι αυτό; Όταν αντιμετωπίζουμε δυσκολίες, αντιδρούμε πρώτα στο περιβάλλον μας, προβαίνοντας σε οποιεσδήποτε υλικές διευθετήσεις θεωρούμε ότι μπορεί να βοηθήσουν. Όταν όμως φτάνουμε στο σημείο να λέμε: «Οτιδήποτε έχω προσπαθήσει μέχρι τώρα έχει αποτύχει· τι άλλο να κάνω;», αρχίζουμε να σκεφτόμαστε έντονα να βρούμε μια λύση. Όταν σκεφτόμαστε αρκετά βαθιά, βρίσκουμε μέσα μας μια απάντηση. Αυτή είναι μια μορφή προσευχής που εισακούσθηκε.

—❦—

Όταν οι χρόνιες ασθένειες και τα βάσανα είναι πέρα από τον έλεγχο της ανθρώπινης φροντίδας· όταν η δύναμη των ανθρώπινων μεθόδων αποτυγχάνει να θεραπεύσει σωματικές ή νοητικές ασθένειες, αποκαλύπτοντας τις περιορισμένες δυνατότητές της, τότε πρέπει να ζητάμε από το Θεό να βοηθήσει – Αυτόν που έχει απεριόριστη δύναμη.

—❦—

Διώξτε τη σκέψη ότι ο Κύριος με τη μεγαλειώδη δύναμή Του βρίσκεται μακριά στον ουρανό και ότι εσείς είστε ένα μικρό αβοήθητο σκουλήκι, θαμμένο μέσα στις δυσκολίες εδώ κάτω στη γη. Να θυμάστε ότι πίσω από τη δική σας θέληση βρίσκεται η τεράστια Θεϊκή Θέληση· αυτή η ωκεάνια Δύναμη όμως δεν μπορεί να προστρέξει σε βοήθεια αν δεν είστε δεκτικοί.

Ο ΘΕΟΣ ΘΑ ΑΝΤΑΠΟΚΡΙΘΕΙ ΣΤΙΣ ΓΕΜΑΤΕΣ ΑΓΑΠΗ ΑΠΑΙΤΗΣΕΙΣ ΣΑΣ

Ο Θεός δεν είναι ένα άλαλο και δίχως αισθήματα Ον. Είναι η ίδια η αγάπη. Αν ξέρετε πώς να διαλογίζεστε ώστε να έρχεστε σε επαφή μαζί Του, θα ανταποκριθεί στις γεμάτες αγάπη απαιτήσεις σας. Δε χρειάζεται να εκλιπαρείτε· μπορείτε να απαιτείτε ως παιδί Του.

―∞―

Προτιμώ τη λέξη «απαίτηση» από τη λέξη «προσευχή», επειδή η πρώτη δεν περιέχει την πρωτόγονη και μεσαιωνική ιδέα ενός Θεού που είναι βασιλιάς–τύραννος, τον Οποίο εμείς, σαν ζητιάνοι, πρέπει να ικετεύουμε και να κολακεύουμε.

―∞―

Η προσευχή είναι απαίτηση της ψυχής. Ο Θεός δε μας έκανε ζητιάνους· μας έπλασε κατ' εικόνα Του. Αυτό διακηρύσσουν η Βίβλος και οι ινδουιστικές

Γραφές. Ο ζητιάνος που πηγαίνει σ' ένα πλούσιο σπίτι και ζητά λίγο φαγητό παίρνει το μερίδιο του ζητιάνου· ο γιος όμως μπορεί να έχει οτιδήποτε ζητήσει από τον πλούσιο πατέρα του. Επομένως δεν πρέπει να συμπεριφερόμαστε σαν επαίτες. Οι Θεϊκές Οντότητες όπως ο Χριστός, ο Κρίσνα και ο Βούδας δεν ψεύδονταν όταν έλεγαν ότι είμαστε πλασμένοι κατ' εικόνα του Θεού. Εντούτοις βλέπουμε ότι κάποιοι άνθρωποι έχουν τα πάντα, σαν να έχουν γεννηθεί μ' ένα ασημένιο κουτάλι στο στόμα τους, ενώ άλλοι φαίνεται να προσελκύουν την αποτυχία και τα προβλήματα. Πού βρίσκεται η εικόνα του Θεού μέσα σ' αυτούς; Η δύναμη του Πνεύματος βρίσκεται μέσα σε όλους μας· το θέμα είναι πώς να την αναπτύξουμε.

ΜΕΤΑΜΟΡΦΩΘΕΙΤΕ ΑΠΟ ΖΗΤΙΑΝΟΙ ΣΕ ΠΑΙΔΙΑ ΤΟΥ ΘΕΟΥ

Το μυστικό της αποτελεσματικής προσευχής είναι να αλλάξετε τη στάση σας και να γίνετε, αντί για ζητιάνοι, παιδιά του Θεού· όταν κάνετε έκκληση σ' Αυτόν μ' αυτή τη συνειδητότητα, η προσευχή σας θα έχει και δύναμη και σοφία.

Στο Ευαγγέλιο του Ιωάννη (Α:12) αναφέρεται: «Και σε όσους Τον δέχθηκαν, σ' αυτούς έδωσε εξουσία να γίνουν τέκνα Θεού, σ' αυτούς που πιστεύουν στο όνομά Του». Ο ωκεανός δε χωρά μέσα σ' ένα δοχείο, εκτός κι αν το δοχείο είναι τόσο μεγάλο όσο ο ωκεανός. Κατά τον ίδιο τρόπο, το δοχείο της ανθρώπινης αυτοσυγκέντρωσης και των ανθρώπινων ικανοτήτων πρέπει να διευρυνθεί, ώστε να μπορέσει να γίνει κατανοητός ο Θεός. Η λέξη «*δέχθηκαν*» δηλώνει την ικανότητα που αποκτάται με την ανάπτυξη του εαυτού· είναι διαφορετική από την απλή πεποίθηση.

Όλοι όσοι γνωρίζουν πώς να Τον δέχονται, μπορούν να συνειδητοποιήσουν τη θεϊκή φύση που κοιμάται μέσα τους διευρύνοντας τις δυνάμεις του νου. Όντας παιδιά του Θεού, έχουμε δυνητική κυριαρχία σε όλα τα πράγματα μέσα στο σύμπαν Του, όπως Εκείνος.

ΑΝ ΕΙΜΑΣΤΕ ΠΑΙΔΙΑ ΤΟΥ ΘΕΟΥ, ΤΟΤΕ ΓΙΑΤΙ ΘΛΙΒΟΜΑΣΤΕ ΚΑΙ ΥΠΟΦΕΡΟΥΜΕ;

Γιατί πολλές από τις ευχές μας δεν εκπληρώνονται και γιατί πολλά από τα παιδιά του Θεού υποφέρουν έντονα; Ο Θεός, με τη θεϊκή αμεροληψία Του, δε θα μπορούσε να κάνει το ένα παιδί καλύτερο από το άλλο. Αρχικά έπλασε όλες τις ψυχές ίδιες και κατ' εικόνα Του. Αυτές οι ψυχές έλαβαν επίσης τα μεγαλύτερα δώρα του Θεού: ελευθερία της βούλησης και δυνατότητα να σκέφτονται λογικά και να πράττουν ανάλογα.

Κάπου, κάποτε, στο παρελθόν, [οι άνθρωποι] καταπάτησαν τους διάφορους νόμους του Θεού και αντίστοιχα προκάλεσαν τις κυρώσεις των νόμων αυτών. [...]

Ο άνθρωπος χρησιμοποίησε με λανθασμένο τρόπο αυτή την ανεξαρτησία που του έδωσε ο Θεός κι έτσι προκάλεσε στον εαυτό του άγνοια, σωματικό πόνο, πρόωρο θάνατο και άλλα δεινά. Θερίζει ό,τι σπέρνει. Ο νόμος της αιτίας και του αποτελέσματος [το κάρμα] εφαρμόζεται σε κάθε ζωή.

Ο Θεός, αν και παντοδύναμος, δε δρα αντίθετα στο νόμο ή αυθαίρετα απλά και μόνο επειδή κάποιος προσεύχεται. Έχει δώσει ανεξαρτησία στον άνθρωπο, ο οποίος τη χρησιμοποιεί όπως του αρέσει. Το να συγχωρούσε τα ανθρώπινα ελαττώματα για να συνεχίζει ο άνθρωπος την κακή συμπεριφορά του χωρίς να έχει συνέπειες, θα σήμαινε ότι ο Θεός είναι ανακόλουθος με τον Ίδιο τον Εαυτό Του –ότι αψηφά το νόμο της αιτίας και του αποτελέσματος όπως εφαρμόζεται στο νόμο της δράσης– και δε χειρίζεται τις ανθρώπινες ζωές σύμφωνα με τους νόμους που ο Ίδιος δημιούργησε, αλλά σύμφωνα με ιδιοτροπίες Του. Ούτε μπορεί να συγκινηθεί ο Θεός από κολακείες ή από επαίνους για να αλλάξει την πορεία των αμετάβλητων νόμων Του. Είμαστε λοιπόν υποχρεωμένοι να ζούμε χωρίς την παρέμβαση της θείας χάρης και του ελέους του Θεού και να μένουμε αβοήθητα θύματα των ανθρώπινων αδυναμιών; Πρέπει να αντιμετωπίζουμε αναπόφευκτα τα αποτελέσματα των πράξεών μας ως προκαθορισμένα, ή ως αποκαλούμενη μοίρα;

Όχι! Ο Κύριος είναι ταυτόχρονα *και νόμος και*

αγάπη. Ο πιστός που με αγνή αφοσίωση και πίστη αναζητά την άνευ όρων αγάπη του Θεού και που *επίσης* εναρμονίζει τις πράξεις του με το θεϊκό νόμο, θα λάβει οπωσδήποτε το εξαγνιστικό άγγιγμα του Θεού που θα μετριάσει τις συνέπειες των πράξεών του.

—ano—

Η Θεϊκή Δύναμη από μόνη Της θέλει να σας βοηθήσει· δε χρειάζεται να Την καλοπιάνετε. Χρειάζεται όμως να χρησιμοποιείτε τη θέλησή σας για να απαιτείτε ως παιδί Του και να συμπεριφέρεστε ως παιδί Του.

—ano—

[Οι πραγματικοί πιστοί] γνωρίζουν πως έστω κι αν δεν έχουν καταφέρει να εγκαταλείψουν τις κακές τους συνήθειες, μπορούν να φέρνουν ολοένα και πιο κοντά τους το Θεό, καλώντας Τον διαρκώς και περιμένοντας απ' Αυτόν να είναι παρών κάθε στιγμή – να είναι μέρος της καθημερινής τους ζωής και να ανταποκρίνεται στις προσευχές τους. Γνωρίζουν ότι τα πάντα είναι δυνατά για το Θεό και ότι το μεγαλύτερο μέρος της κατανόησής Του βρίσκεται πέρα από τη διάνοια. Όταν ο πιστός απαιτεί επίμονα τη βοήθεια και την παρουσία του Θεού, οραματιζόμενος Αυτόν με αγάπη και πιστεύοντας στην πανταχού παρουσία Του, τότε ο Κύριος θα αποκαλυφθεί με κάποιο τρόπο. Με την ανατολή του φωτός της αποκάλυψής Του, το σκοτάδι των φαύλων συνηθειών θα εξαφανιστεί αυτόματα και θα φανεί η άσπιλη ψυχή.

ΜΗΝ ΤΑΥΤΙΖΕΤΕ ΤΗΝ ΑΘΑΝΑΣΙΑ ΣΑΣ ΜΕ ΑΝΘΡΩΠΙΝΕΣ ΣΥΝΗΘΕΙΕΣ

Αν είστε βαθιά αφοσιωμένοι στο Θεό, μπορείτε να Του ζητήσετε τα πάντα. Κάθε μέρα Τού υποβάλλω καινούργιες ερωτήσεις και μου απαντά. Δεν προσβάλλεται ποτέ από οποιοδήποτε ειλικρινές ερώτημα Του θέτουμε. Μερικές φορές μάλιστα Τον μαλώνω που έπλασε τη δημιουργία: «Ποιος θα υποφέρει το κάρμα για όλα τα δεινά σ' αυτό το θεατρικό έργο; Εσύ, ο Δημιουργός, είσαι ελεύθερος από το κάρμα. Γιατί λοιπόν μας έβαλες σ' αυτή τη δυστυχία;». Νομίζω πως νιώθει πολύ λυπημένος για μας. Η επιθυμία Του είναι να μας πάρει πίσω, αλλά δεν μπορεί να το κάνει χωρίς τη συνεργασία μας και την προσωπική προσπάθειά μας.

Ό,τι κάναμε εμείς οι ίδιοι, μπορεί να αναιρεθεί από εμάς τους ίδιους.

Τι φοβάστε; Είστε αθάνατα όντα. Δεν είστε ούτε άντρες ούτε γυναίκες, όπως ίσως πιστεύετε, αλλά ψυχές, χαρούμενες, αιώνιες. Μην ταυτίζετε την αθανασία σας με ανθρώπινες συνήθειες. [...] Ακόμα και εν μέσω επώδυνων δοκιμασιών, να λέτε: «Η ψυχή μου έχει αναστηθεί. Η δύναμη που έχω να ξεπερνώ τις δοκιμασίες μου είναι μεγαλύτερη απ' όλες αυτές γιατί είμαι παιδί του Θεού».

Μην επιτρέπετε σε κανέναν να σας αποκαλεί αμαρτωλό. Ο Θεός σάς έπλασε κατ' εικόνα Του. Το να αρνείστε αυτήν την εικόνα είναι η μεγαλύτερη αμαρτία εναντίον του εαυτού σας. [...] Μπορεί να βασιλεύει το σκοτάδι για χιλιάδες χρόνια μέσα σε μια σπηλιά, αλλά όταν έρθει εκεί το φως, το σκοτάδι εξαφανίζεται σαν να μην υπήρξε ποτέ. Κατά τον ίδιο τρόπο, όποια κι αν είναι τα ελαττώματά σας, δε θα τα έχετε πια όταν φέρετε μέσα σας το φως της καλοσύνης.

Όταν οι δοκιμασίες μου γίνονται πολύ μεγάλες, πρώτα αναζητώ κατανόηση μέσα μου. Δεν κατηγορώ τις περιστάσεις, ούτε προσπαθώ να διορθώσω κάποιον άλλον. Πρώτα μπαίνω μέσα στον εαυτό μου. Προσπαθώ να καθαρίσω το οχυρό της ψυχής μου, να απομακρύνω οτιδήποτε εμποδίζει την παντοδύναμη και πάνσοφη έκφραση της ψυχής. Αυτός είναι ο επιτυχημένος τρόπος ζωής.

―∽―

Τυλιχτείτε μέσα στη σκέψη του Θεού. Το άγιο Όνομά Του είναι η μεγαλύτερη Δύναμη όλων των δυνάμεων. Σαν ασπίδα, απωθεί όλες τις αρνητικές δονήσεις.

―∽―

Η ΣΧΕΣΗ ΜΑΣ ΜΕ ΤΟ ΘΕΟ ΔΕΝ ΕΙΝΑΙ ΨΥΧΡΗ ΚΑΙ ΑΠΡΟΣΩΠΗ

Η σχέση μας με το Θεό δεν είναι ψυχρή και απρόσωπη, σαν εκείνη ανάμεσα σε εργοδότη και εργαζόμενο. Είμαστε παιδιά Του. Είναι *υποχρεωμένος* να μας ακούει! Δεν υπάρχει τρόπος να αποφύγουμε το γεγονός ότι είμαστε παιδιά Του. Δεν είμαστε απλώς πλάσματα που δημιούργησε· είμαστε ένα κομμάτι Του. Εκείνος μας έκανε πρίγκιπες, αλλά εμείς επιλέξαμε να γίνουμε σκλάβοι. Θέλει να ξαναγίνουμε πρίγκιπες, να επιστρέψουμε στο Βασίλειό μας. Κανείς όμως που απαρνήθηκε τη θεϊκή του κληρονομιά δε θα την αποκτήσει ξανά χωρίς προσπάθεια. Είμαστε πλασμένοι κατ' εικόνα Του, αλλά με κάποιο τρόπο έχουμε λησμονήσει αυτή την αλήθεια. Έχουμε υποκύψει στην αυταπάτη ότι είμαστε θνητά πλάσματα και πρέπει να σκίσουμε το πέπλο αυτής της αυταπάτης με το μαχαίρι της σοφίας.

Οι διάφορες θρησκείες του κόσμου βασίζονται λίγο

ή πολύ στις *πεποιθήσεις* των ανθρώπων. Η αληθινή όμως βάση της θρησκείας θα έπρεπε να είναι μια επιστήμη την οποία να μπορούν να εφαρμόζουν όλοι οι πιστοί προκειμένου να προσεγγίσουν τον έναν Πατέρα-Θεό. Η Γιόγκα είναι αυτή η επιστήμη.

—ಐ—

Έχουμε κατέλθει από το Θεό και πρέπει να ανέλθουμε ξανά σ' Αυτόν. Φαινομενικά έχουμε διαχωριστεί από τον Πατέρα μας και πρέπει να επανενωθούμε συνειδητά μαζί Του. Η Γιόγκα μάς διδάσκει πώς να υπερβούμε την αυταπάτη του διαχωρισμού και να συνειδητοποιήσουμε την ενότητά μας με το Θεό. Ο ποιητής Μίλτον έγραψε για την ψυχή του ανθρώπου και για το πώς μπορεί να κερδίσει και πάλι τον παράδεισο. Αυτός είναι ο σκοπός και ο στόχος της Γιόγκα – να ανακτήσει ο άνθρωπος τον χαμένο παράδεισο της συνειδητότητας της ψυχής, με την οποία γνωρίζει ότι είναι –και πάντα ήταν– ένα με το Πνεύμα.

—ಐ—

Αν ζείτε με τον Κύριο, θα θεραπευτείτε από τις αυταπάτες της ζωής και του θανάτου, της υγείας και της ασθένειας. Να νιώθετε ένα με τον Κύριο. Να αισθάνεστε την αγάπη Του. Μη φοβάστε τίποτα. Μόνο μέσα στο κάστρο του Θεού μπορούμε να βρούμε προστασία. Δεν υπάρχει ασφαλέστερο λιμάνι χαράς από την παρουσία Του. Όταν είστε μαζί Του τίποτα δεν μπορεί να σας αγγίξει.

—∞—

Να παραμένετε στο κάστρο της παρουσίας Του. […] Να έχετε μέσα σας έναν φορητό παράδεισο.

—∞—

ΥΠΑΡΧΕΙ ΕΝΑΣ ΣΩΣΤΟΣ ΤΡΟΠΟΣ ΠΡΟΣΕΥΧΗΣ

Στο παρελθόν μπορεί να απογοητευτήκατε που δεν εισακούσθηκαν οι προσευχές σας. Μη χάνετε όμως την πίστη σας. Για να διαπιστώσετε αν οι προσευχές έχουν αποτέλεσμα ή όχι, πρέπει να έχετε στο νου σας μια αρχική πεποίθηση ως προς τη δύναμη της προσευχής.

Ίσως οι προσευχές σας να μην εισακούσθηκαν επειδή επιλέξατε να είστε ζητιάνοι. Πρέπει επίσης να γνωρίζετε τι μπορείτε νόμιμα να ζητάτε από τον Ουράνιο Πατέρα σας. Μπορεί να προσεύχεστε με όλη σας την καρδιά και τη δύναμη να εξουσιάζετε τη γη, αλλά η προσευχή σας δε θα εισακουστεί, γιατί όλες οι προσευχές που συνδέονται με την υλική ζωή υπόκεινται σε περιορισμούς – έτσι πρέπει να είναι. Ο Θεός δε θα παραβιάσει τους νόμους Του για να ικανοποιήσει καπρίτσια. Υπάρχει όμως ένας σωστός τρόπος προσευχής.

Πρέπει να απαιτούμε με αγάπη, σαν παιδιά του Θεού και όχι σαν ζητιάνοι. Κάθε ικετευτική προσευχή, όσο ειλικρινής κι αν είναι, περιορίζει την ψυχή. Ως παιδιά του Θεού, πρέπει να πιστεύουμε ότι *έχουμε* όλα όσα έχει και ο Πατέρας. Αυτό είναι το κληρονομικό μας δικαίωμα. Ο Ιησούς συνειδητοποίησε την αλήθεια: «Εγώ και ο Πατέρας μου είμαστε ένα». Γι' αυτό και εξουσίαζε τα πάντα, όπως ο Πατέρας του. Οι περισσότεροι από μας εκλιπαρούμε και προσευχόμαστε χωρίς πρώτα να έχουμε εμπεδώσει, μέσα στον ίδιο το νου μας, τη θεϊκή κληρονομιά μας· αυτός είναι ο λόγος για τον οποίο περιοριζόμαστε από το νόμο της επαιτείας. Δε χρειάζεται να ικετεύουμε, αλλά να *αξιώνουμε* και να *απαιτούμε* από τον Πατέρα μας αυτό που εξαιτίας της ανθρώπινης φαντασίας μας νομίσαμε ότι χάθηκε.

Είναι αναγκαίο σ' αυτό το στάδιο να καταστρέψουμε τη λανθασμένη σκέψη αιώνων – ότι είμαστε αδύναμα ανθρώπινα πλάσματα.

ΑΝΑΓΝΩΡΙΣΤΕ ΤΟΝ ΕΑΥΤΟ ΣΑΣ ΣΑΝ ΨΥΧΗ, ΕΝΑ ΠΑΙΔΙ ΤΟΥ ΘΕΟΥ

Μέσω βαθιού διαλογισμού αναγνωρίζετε τον εαυτό σας σαν ψυχή, ένα παιδί του Θεού, δημιουργημένο κατ' εικόνα Του.

Βρίσκεστε σε μια κατάσταση παραίσθησης πιστεύοντας ότι είστε ένας αβοήθητος θνητός. [...] Κάθε μέρα θα πρέπει να κάθεστε ήρεμα και να διαβεβαιώνετε τον εαυτό σας με βαθιά πεποίθηση: «Ούτε γέννηση, ούτε θάνατο, ούτε κοινωνική τάξη έχω· πατέρα, μητέρα δεν έχω. Είμαι Ευλογημένο Πνεύμα, είμαι Εκείνος. Είμαι η Άπειρη Ευτυχία». Αν επαναλαμβάνετε αυτές τις σκέψεις πάλι και πάλι, μέρα και νύχτα, θα συνειδητοποιήσετε τελικά αυτό που πραγματικά είστε: μια αθάνατη ψυχή.

ΔΙΑΒΕΒΑΙΩΣΤΕ ΣΤΟΝ ΕΑΥΤΟ ΣΑΣ ΑΥΤΟ ΠΟΥ ΕΙΣΤΕ

Μη συμπεριφέρεστε σαν ένα ζαρωμένο δουλοπρεπές θνητό πλάσμα. Είστε παιδί του Θεού!

―w―

Διαβεβαιώστε τον εαυτό σας ότι είστε ένα παιδί του Θεού και εντρυφήστε σ' αυτό που είπε ο Ιησούς: «Εγώ και ο Πατέρας μου είμαστε ένα».

―w―

Η εσωτερική διαβεβαίωση της πνευματικής ταυτότητάς μας είναι αρκετή για να θέσει σε λειτουργία το νόμο της εκπλήρωσης των προσευχών. Ο νόμος αυτός έχει χρησιμοποιηθεί από αγίους όλων των χωρών. Από τα βάθη της δικής του εμπειρίας, ο Χριστός μπόρεσε να μας δώσει αυτή τη μεγαλειώδη διαβεβαίωση: «Εάν έχετε πίστη και δεν αμφιβάλλετε [...] και αν πείτε στο βουνό τούτο: Σήκω και ρίξου στη θάλασσα, θα γίνει. Και όλα όσα ζητάτε στην προσευχή, αν πιστεύετε, θα τα λάβετε».

«ΠΙΣΤΕΥΩ ΣΤΟ ΘΕΟ· ΓΙΑΤΙ ΔΕ ΜΕ ΒΟΗΘΑ;»

Η πεποίθηση και η πίστη στο Θεό είναι δύο διαφορετικά πράγματα. Μια πεποίθηση δεν έχει αξία αν δεν τη δοκιμάσετε και δε ζείτε μ' αυτήν. Η πεποίθηση που έχει μετατραπεί σε εμπειρία γίνεται πίστη. Γι' αυτό ο προφήτης Μαλαχίας μάς είπε: «Και δοκιμάστε με τώρα σ' αυτό, λέει ο Κύριος των δυνάμεων, εάν δεν σας ανοίξω τους καταρράχτες του ουρανού και διαχύσω την ευλογία σ' εσάς, ώστε να μην αρκεί τόπος γι' αυτήν».

Η πίστη ή η διαισθητική εμπειρία όλης της αλήθειας υπάρχει μέσα στην ψυχή. Γεννά την ανθρώπινη ελπίδα και την επιθυμία για πραγματοποίηση στόχων. [...] Οι συνηθισμένοι άνθρωποι πρακτικά δε γνωρίζουν τίποτα γι' αυτή τη διαισθητική πίστη η οποία βρίσκεται σε λανθάνουσα κατάσταση μέσα στην ψυχή, η οποία είναι η μυστική πηγή και των πιο τολμηρών ελπίδων μας.

—⚏—

Πίστη σημαίνει γνώση και βεβαιότητα ότι είμαστε δημιουργημένοι κατ' εικόνα του Θεού. Όταν είμαστε συντονισμένοι με τη συνειδητότητά Του μέσα μας, μπορούμε να δημιουργήσουμε κόσμους. Να θυμάστε, στη θέλησή σας βρίσκεται η πανίσχυρη δύναμη του Θεού. Όταν έρχεται πλήθος δυσκολιών και εσείς εντούτοις αρνείστε να εγκαταλείψετε την προσπάθεια· όταν ο νους σας γίνει αποφασισμένος, τότε θα δείτε το Θεό να σας ανταποκρίνεται.

—⚏—

Η πίστη πρέπει να καλλιεργηθεί, ή, μάλλον, να ανακαλυφθεί μέσα μας. Βρίσκεται εκεί, αλλά πρέπει να έρθει στην επιφάνεια. Αν παρακολουθείτε τη ζωή σας, θα δείτε τους αναρίθμητους τρόπους με τους οποίους ο Θεός εργάζεται μέσα απ' αυτήν· μ' αυτόν τον τρόπο η πίστη σας θα ενδυναμωθεί. Ελάχιστοι άνθρωποι ψάχνουν το κρυμμένο χέρι Του. Οι περισσότεροι θεωρούν την πορεία των γεγονότων ως φυσική και αναπόφευκτη. Πολύ λίγο καταλαβαίνουν πόσο ριζικές αλλαγές μπορεί να επιφέρει η προσευχή!

Η ΠΙΣΤΗ ΦΕΡΝΕΙ ΤΗΝ ΑΠΟΔΕΙΞΗ ΤΗΣ ΑΝΤΑΠΟΚΡΙΣΗΣ ΤΟΥ ΘΕΟΥ

Ο Θεός ανταποκρίνεται όταν προσεύχεστε σ' Αυτόν βαθιά, με πίστη και αποφασιστικότητα. Μερικές φορές απαντά στέλνοντας μια σκέψη στο νου ενός άλλου ανθρώπου, ο οποίος μπορεί να εκπληρώσει την επιθυμία σας ή την ανάγκη σας· ο άνθρωπος αυτός τότε λειτουργεί ως όργανο του Θεού που φέρνει το επιθυμητό αποτέλεσμα. Δε συνειδητοποιείτε πόσο υπέροχα λειτουργεί αυτή η σπουδαία δύναμη. Λειτουργεί με μαθηματική ακρίβεια. Δεν υπάρχει «αν» σ' αυτήν. Και αυτό είναι που εννοεί η Βίβλος με τη λέξη «πίστη»: είναι η *απόδειξη* αόρατων πραγμάτων.

ΠΡΟΣΠΑΘΗΣΤΕ ΝΑ ΒΙΩΝΕΤΕ ΤΙΣ ΠΝΕΥΜΑΤΙΚΕΣ ΣΑΣ ΠΕΠΟΙΘΗΣΕΙΣ

Η πρακτική της θρησκείας έχει φτάσει σ' ένα σημείο που ελάχιστοι προσπαθούν να μετατρέψουν σε εμπειρία τις πνευματικές τους σκέψεις. [...] Οι περισσότεροι ικανοποιούνται με όσα έχουν διαβάσει για την Αλήθεια χωρίς ποτέ να την έχουν βιώσει.

―∞―

Όταν προσπαθείτε να βιώσετε τις πνευματικές σας πεποιθήσεις, αρχίζει να σας ανοίγεται ένας άλλος κόσμος. Μη ζείτε μέσα σε μια λάθος αίσθηση ασφάλειας, πιστεύοντας ότι επειδή πηγαίνετε στην εκκλησία θα σωθείτε. Πρέπει εσείς οι ίδιοι να κάνετε την προσπάθεια να γνωρίσετε το Θεό. Ίσως ο νους σας να είναι ικανοποιημένος που είστε πολύ θρησκευόμενοι, αλλά αν δεν ικανοποιηθεί η συνειδητότητά σας με άμεσες απαντήσεις στις προσευχές σας, καμία ποσότητα τυπικής θρησκείας δεν μπορεί να σας σώσει. Τι ωφελεί να προσεύχεστε στο Θεό αν Εκείνος δεν απαντά; Όσο δύσκολο κι αν είναι να έχετε την ανταπόκρισή Του, μπορεί να γίνει. Για να εξασφαλίσετε την τελική άφιξή σας στον παράδεισο πρέπει να δοκιμάσετε τη δύναμη των προσευχών σας μέχρι να τις καταστήσετε αποτελεσματικές.

ΔΟΚΙΜΑΣΤΕ ΤΗ ΔΥΝΑΜΗ ΤΩΝ ΠΡΟΣΕΥΧΩΝ ΣΑΣ

Ίσως κάποιοι να διαμαρτυρηθούν, λέγοντας: «Γνωρίζω ότι οι προσευχές μου εισακούονται, γιατί ακούω το Θεό να μου μιλά. Έχω απόδειξη της ανταπόκρισής Του στις προσευχές μου». Το θέμα είναι: είστε σίγουροι ότι οι προσευχές σας έφτασαν πράγματι στο Θεό κι ότι Εκείνος ανταποκρίθηκε συνειδητά σ' αυτές; Ποια είναι η απόδειξη; Ας υποθέσουμε ότι προσευχηθήκατε να θεραπευτείτε και ότι γίνατε καλά. Ξέρετε άραγε αν η θεραπεία σας οφείλεται σε φυσικές αιτίες, ή στα φάρμακα, ή στις δικές σας προσευχές ή σε προσευχές άλλων, που έφεραν τη βοήθεια του Θεού; Μερικές φορές δεν υπάρχει αιτιώδης συνάφεια ανάμεσα στην προσευχή και στη θεραπεία. Ίσως να είχατε θεραπευτεί και χωρίς να είχατε προσευχηθεί. Αυτός είναι ο λόγος για τον οποίο πρέπει να ανακαλύψουμε αν μπορούμε να εφαρμόζουμε επιστημονικά το νόμο της αιτίας και του αποτελέσματος μέσω της προσευχής. Οι σοφοί της Ινδίας ανακάλυψαν ότι ο Θεός ανταποκρίνεται στο νόμο. Όσοι βίωσαν αυτή την ανταπόκριση, είπαν ότι όλοι οι άνθρωποι που συμμορφώνονται με το νόμο μπορούν να τον δοκιμάσουν και να τον βιώσουν οι ίδιοι.

—✴—

Αν οι επιστήμονες συγκεντρώνονταν όλοι μαζί και το μόνο που έκαναν ήταν να προσεύχονται για εφευρέσεις, θα πετύχαιναν τίποτα; Όχι. Πρέπει να εφαρμόσουν τους νόμους του Θεού. Πώς μπορεί λοιπόν μια εκκλησία ή ένας ναός να σας φέρει το Θεό απλώς με τυφλή προσευχή ή τελετουργία;

—✴—

Ο Θεός δεν μπορεί να «δωροδοκηθεί» με δώρα ή με μετάνοιες ή με ειδικές τελετουργίες μονάχα για να αλλάξει το νόμο Του αυθαίρετα· ούτε ανταποκρίνεται σε τυφλές προσευχές ή μεροληπτικά. Μπορεί να συγκινηθεί μόνον από τη συνεργασία του ανθρώπου με το νόμο και από την αγάπη: η αγάπη *είναι* νόμος. Όταν ο άνθρωπος έχει κλείσει επ' αόριστον τα παράθυρα της ζωής του στις θεϊκές ακτίνες της υγείας, της δύναμης και της σοφίας, πρέπει ο ίδιος να προσπαθήσει να τα ανοίξει ξανά, ώστε να αφήσει να εισέλθει το ελεύθερα προσφερόμενο θεραπευτικό φως του Κυρίου που περιμένει απ' έξω.

—∞—

Πρέπει να σκεφτόμαστε, να διαλογιζόμαστε, να διαβεβαιώνουμε τον εαυτό μας, να πιστεύουμε και να συνειδητοποιούμε καθημερινά ότι είμαστε γιοι του Θεού – και να συμπεριφερόμαστε αναλόγως! Αυτή η συνειδητοποίηση μπορεί να πάρει χρόνο, αλλά πρέπει να αρχίσουμε με τη σωστή μέθοδο και όχι να παίζουμε με τις πιθανότητες, ακολουθώντας την αντιεπιστημονική επαιτεία των προσευχών και συνεπώς να μας διακατέχει η δυσπιστία, οι αμφιβολίες, ή η εξαπάτηση της δεισιδαιμονίας. Μόνον όταν το εγώ που κοιμάται αντιληφθεί τον εαυτό του όχι ως ένα σώμα, αλλά ως μια ελεύθερη ψυχή ή ως παιδί του Θεού που κατοικεί μέσα στο σώμα και λειτουργεί μέσα απ' αυτό, μπορεί δικαιωματικά και νόμιμα να απαιτήσει τα θεϊκά του δικαιώματα.

ΤΜΗΜΑ

II

Αυτοσυγκέντρωση:
Το Προοίμιο της
Αληθινής Προσευχής

ΝΑ ΘΥΜΑΣΤΕ ΤΟΝ ΚΥΡΙΟ ΠΟΥ ΚΑΤΟΙΚΕΙ ΜΕΣΑ ΣΑΣ

Αναπτύξτε τη συνειδητότητα ότι ο Θεός είναι μαζί σας.

―⚜―

Ο Κύριος φαίνεται απόμακρος μόνο επειδή η προσοχή σας είναι στραμμένη εξωτερικά, προς τη δημιουργία Του, και όχι εσωτερικά προς Εκείνον. Κάθε φορά που ο νους σας περιπλανιέται στο λαβύρινθο των μυριάδων εγκόσμιων σκέψεων, να τον επαναφέρετε υπομονετικά στην ενθύμηση του Κυρίου που κατοικεί μέσα σας. Με τον καιρό θα διαπιστώσετε ότι είναι πάντα μαζί σας – ένας Θεός που μιλά μαζί σας στη δική σας γλώσσα, ένας Θεός του Οποίου το πρόσωπο ξεπροβάλλει μέσα από κάθε λουλούδι και θάμνο και φύλλο γρασιδιού. Τότε θα πείτε: «Είμαι ελεύθερος! Είμαι ντυμένος με το αραχνοΰφαντο πέπλο του Πνεύματος· πετώ από τη γη στον ουρανό πάνω σε φτερά φωτός!». Και τι χαρά θα κατακλύζει όλο σας το είναι!

―⚜―

Θεϊκό Πνεύμα, ευλόγησέ μας να μιλάμε στο εξής μέσα στην καρδιά μας μόνο για Σένα για πάντα. Ανεξάρτητα απ' ό,τι λέμε με τη γλώσσα μας, η καρδιά μας θα επαναλαμβάνει το όνομά Σου.

Κάποια φορά που διαλογιζόμουν, άκουσα τη φωνή Του να ψιθυρίζει: «Λες ότι βρίσκομαι μακριά, αλλά εσύ δεν μπήκες μέσα. Γι' αυτό λες ότι είμαι μακριά. Εγώ είμαι πάντα μέσα. Έλα μέσα και θα Με δεις. Είμαι πάντα εδώ, έτοιμος να σε καλωσορίσω».

«ΟΤΑΝ ΠΡΟΣΕΥΧΕΣΑΙ, ΜΠΕΣ ΣΤΟ ΠΙΟ ΑΠΟΜΕΡΟ ΔΩΜΑΤΙΟ ΣΟΥ»

Η σανσκριτική λέξη για την πίστη είναι έξοχα εκφραστική. Είναι η λέξη *βίσβας*. Η συνηθισμένη κυριολεκτική απόδοσή της, «αναπνέω εύκολα· έχω εμπιστοσύνη· είμαι ελεύθερος από το φόβο», δεν αναδεικνύει το πλήρες νόημά της. Το σανσκριτικό *σβας* αναφέρεται στις κινήσεις της αναπνοής, υποδηλώνοντας έτσι τη ζωή και το συναίσθημα. Το *βι* σημαίνει «αντίθετα· εξωτερικά». Δηλαδή εκείνος του οποίου η αναπνοή, η ζωή και το συναίσθημα είναι ήρεμα, μπορεί να έχει πίστη που γεννιέται από τη διαίσθηση· αυτή την πίστη δεν μπορούν να την έχουν άτομα συναισθηματικά ανήσυχα. Η καλλιέργεια της διαισθητικής ηρεμίας απαιτεί την ανάπτυξη της εσωτερικής ζωής. Όταν η διαίσθηση αναπτυχθεί επαρκώς, φέρνει άμεση κατανόηση της αλήθειας. Μπορείτε να πετύχετε αυτήν την υπέροχη συνειδητοποίηση. Ο διαλογισμός είναι ο τρόπος.

Να διαλογίζεστε με υπομονή και επιμονή. Μέσα στη συσσωρευμένη ηρεμία θα μπείτε στο βασίλειο της διαίσθησης της ψυχής. Σε όλες τις εποχές, εκείνοι που πέτυχαν τη φώτιση ήταν αυτοί που κατέφευγαν σ' αυτόν τον εσωτερικό κόσμο της κοινωνίας με το Θεό. Ο Ιησούς είπε: «Όταν προσεύχεσαι, μπες στο πιο απόμερο δωμάτιό σου, και αφού κλείσεις την πόρτα σου, προσευχήσου στον Πατέρα σου που είναι στα κρυφά· και ο Πατέρας σου που βλέπει στα κρυφά θα σε ανταμείψει φανερά». Μπείτε στον Εαυτό, κλείστε τις πόρτες των αισθήσεων και την εμπλοκή τους στον ανήσυχο κόσμο και ο Θεός θα σας αποκαλύψει όλα τα θαύματά Του.

ΠΩΣ ΠΡΩΤΟΑΝΑΚΑΛΥΨΑΝ ΟΙ ΑΓΙΟΙ ΤΟ ΘΕΟ;

Πώς πρωτοανακάλυψαν το Θεό οι αναζητητές; Το πρώτο βήμα τους ήταν να κλείσουν τα μάτια τους για να αποκόψουν την άμεση επαφή με τον κόσμο και την ύλη, ώστε να μπορέσουν να συγκεντρωθούν περισσότερο στην ανακάλυψη της Νοημοσύνης που υπάρχει πίσω απ' αυτά. Σκέφτηκαν ότι δεν ήταν δυνατόν να δουν την παρουσία του Θεού στη φύση μέσω των συνηθισμένων αντιλήψεων των πέντε αισθήσεων. Έτσι, άρχισαν να προσπαθούν να Τον νιώσουν μέσα τους με ολοένα και βαθύτερη συγκέντρωση. Τελικά ανακάλυψαν πώς να απομονώνουν και τις πέντε αισθήσεις και έτσι προσωρινά να μην έχουν καμιά απολύτως επαφή με τη συνειδητότητα της ύλης. Ο εσωτερικός κόσμος του Πνεύματος άρχισε να ανοίγεται. Σ' εκείνους τους μεγάλους της αρχαίας Ινδίας, οι οποίοι επέμεναν απαρασάλευτα σ' αυτές τις εσωτερικές έρευνες, ο Θεός τελικά αποκαλύφθηκε. Έτσι οι άγιοι σταδιακά άρχισαν να μετατρέπουν τις συλλήψεις τους σχετικά με το Θεό σε αντιλήψεις γι' Αυτόν. Αυτό πρέπει να κάνετε κι εσείς αν θέλετε να Τον γνωρίσετε.

ΜΕΣΑ ΣΤΗ ΣΙΩΠΗ ΣΑΣ, Η ΣΙΩΠΗ ΤΟΥ ΘΕΟΥ ΠΑΥΕΙ

Οι εντυπώσεις που δεχόμαστε μέσω των αισθητήριων νεύρων γεμίζουν το νου με μυριάδες θορυβώδεις σκέψεις κι έτσι όλη η προσοχή στρέφεται προς τις αισθήσεις. Η φωνή του Θεού όμως είναι η σιωπή. Μόνον όταν σταματούν οι σκέψεις μπορεί κάποιος να ακούσει τη φωνή του Θεού να επικοινωνεί μέσω της σιωπής της διαίσθησης. Αυτό είναι το μέσον έκφρασης του Θεού. Μέσα στη σιωπή σας, η σιωπή του Θεού παύει. Σας μιλά μέσω της διαίσθησής σας. Για τον πιστό του οποίου η συνειδητότητα είναι εσωτερικά ενωμένη με το Θεό είναι περιττή μια απάντηση απ' Αυτόν η οποία να μπορεί να ακουστεί εξωτερικά – οι διαισθητικές σκέψεις και τα αληθινά οράματα αποτελούν τη φωνή του Θεού. Αυτά δεν είναι αποτέλεσμα ερεθισμάτων των αισθήσεων, αλλά ο συνδυασμός της σιωπής του πιστού και της φωνής του Θεού στη σιωπή.

Ο Θεός ήταν πάντα μαζί μας και μας μιλούσε· η φωνή της σιωπής Του όμως πνιγόταν από το θόρυβο των σκέψεών μας: «Εσύ μ' αγαπούσες πάντα, αλλά εγώ δε Σε άκουγα». Εκείνος πάντα βρισκόταν και πάντα βρίσκεται δίπλα μας· εμείς ήμαστε που περιπλανιόμασταν μακριά από τη συνειδητότητά Του.

Παρά την αδιαφορία μας και την επιδίωξη απολαύσεων των αισθήσεων, ο Θεός εξακολουθεί να μας αγαπά και θα μας αγαπά πάντα. Για να το γνωρίσουμε αυτό, πρέπει να αποσύρουμε τις σκέψεις μας από τις αισθητήριες εντυπώσεις και να είμαστε σιωπηλοί μέσα μας. Κατασίγαση των σκέψεων σημαίνει συντονισμό τους με το Θεό. Τότε είναι που αρχίζει η αληθινή προσευχή.

ΟΤΑΝ ΠΡΟΣΕΥΧΕΣΤΕ, ΜΗ ΣΚΕΦΤΕΣΤΕ ΤΙΠΟΤΑ ΑΛΛΟ ΠΑΡΑ ΜΟΝΟ ΤΟ ΠΝΕΥΜΑ

Όταν προσευχόμαστε, πρέπει να καταβάλλουμε τη μέγιστη προσπάθεια να συγκεντρώνουμε όλη την προσοχή μας στο Θεό, αντί να λέμε: «Θεέ, Θεέ, Θεέ» και να επιτρέπουμε στο νου μας να σκέφτεται κάτι άλλο. Μια θεία μου συνήθιζε να προσεύχεται με κομπολόι. Μπορούσε να τη βλέπει κάποιος με τα δάχτυλά της πάντα να ακουμπούν τις χάντρες του. Κάποια μέρα όμως με πλησίασε και μου εξομολογήθηκε ότι μολονότι το έκανε αυτό επί σαράντα χρόνια, ο Θεός δεν απάντησε ποτέ στις προσευχές της. Ήταν φυσικό! Οι «προσευχές» της δεν ήταν σχεδόν τίποτα περισσότερο από μια νευρική σωματική συνήθεια. Όταν προσεύχεστε, να μη σκέφτεστε τίποτα άλλο παρά μόνο το Πνεύμα.

Η στείρα επανάληψη απαιτήσεων ή διαβεβαιώσεων χωρίς τη συνακόλουθη αφοσίωση ή αυθόρμητη αγάπη, μετατρέπει κάποιον σ' ένα «προσευχόμενο γραμμόφωνο», το οποίο δε γνωρίζει τι σημαίνει η προσευχή του. Το να λέμε τις προσευχές μας προφορικά και μηχανικά ενώ μέσα μας σκεφτόμαστε κάτι άλλο, δε φέρνει ανταπόκριση από το Θεό. Η τυφλή επανάληψη, αναφέροντας μάταια το όνομα του Θεού, δεν έχει κανένα αποτέλεσμα. Η επανάληψη μιας απαίτησης ή μιας προσευχής ξανά και ξανά, νοητικά ή προφορικά, και με ολοένα και βαθύτερη προσοχή και αφοσίωση, προσδίδει πνευματικότητα στην προσευχή και μετατρέπει τη συνειδητή επανάληψη, που γίνεται με πίστη, σε υπερσυνείδητη εμπειρία.

ΠΟΙΑ ΠΡΟΣΕΥΧΗ ΠΡΟΣΕΛΚΥΕΙ ΓΡΗΓΟΡΟΤΕΡΑ ΤΟ ΘΕΟ;

Να προσφέρετε στο Θεό τα πολύτιμα πετράδια της προσευχής που βρίσκονται βαθιά μέσα στο ορυχείο της καρδιάς σας.

—⚜—

Όταν κάποιος συναντά την αγαπημένη του, δεν πρέπει να βασίζεται σ' ένα βιβλίο σχετικά με την αγάπη, αλλά να χρησιμοποιεί την αυθόρμητη γλώσσα της καρδιάς του. Αν κάποιος χρησιμοποιεί τη γλώσσα της αγάπης κάποιου άλλου σε απαιτήσεις απευθυνόμενες στο Θεό, πρέπει να κάνει τις λέξεις δικές του, κατανοώντας απόλυτα το νόημά τους και εντρυφώντας σ' αυτό, εφαρμόζοντας σ' αυτές ύψιστη αυτοσυγκέντρωση και αγάπη· όπως δεν είναι λάθος να απευθύνεται κάποιος στην αγαπημένη του χρησιμοποιώντας τα λόγια ενός μεγάλου ποιητή, αν τα έχει περιβάλει με τη δική του αγάπη και το δικό του συναίσθημα.

—⚜—

ΝΑ ΑΓΑΠΑΤΕ ΤΟ ΘΕΟ ΜΕ ΟΛΗ ΣΑΣ ΤΗΝ ΚΑΡΔΙΑ [...]

Οι ύψιστες εντολές που δόθηκαν στον άνθρωπο είναι να αγαπά το Θεό με όλη την καρδιά του, με όλη την ψυχή του, με όλο το νου του και με όλη τη δύναμή του· και, δεύτερον, να αγαπά τον πλησίον του όπως τον εαυτό του. Αν τις ακολουθείτε, όλα θα έρθουν από μόνα τους και με το σωστό τρόπο. Δεν αρκεί να είστε αυστηροί ηθικολόγοι – οι πέτρες και τα κατσίκια δεν καταπατούν τους ηθικούς νόμους· εντούτοις δε γνωρίζουν το Θεό. Όταν όμως αγαπάτε το Θεό αρκετά βαθιά, έστω κι αν είστε ο μεγαλύτερος των αμαρτωλών, θα μεταμορφωθείτε και θα λυτρωθείτε. Η μεγάλη αγία Μιραμπάι είπε: «Για να βρεις το Θεό, το μόνο απαραίτητο είναι η αγάπη». Αυτή η αλήθεια με άγγιξε βαθιά.

Όλοι οι προφήτες τηρούν αυτές τις δυο κορυφαίες εντολές. Το να αγαπάτε το Θεό με όλη σας την καρδιά σημαίνει να Τον αγαπάτε με την αγάπη που αισθάνεστε για το πιο αγαπημένο σας πρόσωπο – με την αγάπη της μητέρας ή του πατέρα για το παιδί, ή με την αγάπη που νιώθετε για την αγαπημένη ή τον αγαπημένο σας. Δώστε στο Θεό αυτού του είδους την άνευ όρων αγάπη. Το να αγαπάτε το Θεό με όλη σας την ψυχή σημαίνει ότι μπορείτε να Τον αγαπάτε αληθινά όταν μέσω βαθιού διαλογισμού αναγνωρίζετε τον εαυτό σας ως ψυχή, ένα παιδί του Θεού δημιουργημένο κατ' εικόνα Του. Το να αγαπάτε το Θεό με όλο το νου σας σημαίνει ότι όταν προσεύχεστε όλη η προσοχή σας είναι στραμμένη σ' Αυτόν και δεν αποσπάται από ανήσυχες σκέψεις. Στο διαλογισμό να σκέφτεστε μόνο το Θεό· μην επιτρέπετε να περιφέρεται ο νους σας σε οτιδήποτε άλλο από το Θεό. Αυτός είναι ο λόγος για τον οποίο η γιόγκα είναι σημαντική: σας κάνει ικανούς να αυτοσυγκεντρώνεστε. Όταν με τη γιόγκα αποσύρετε την ανήσυχη ζωική δύναμη από τα αισθητήρια νεύρα και επικεντρώνεστε εσωτερικά στη σκέψη του Θεού, τότε Τον αγαπάτε με όλη τη δύναμή σας – ολόκληρο το είναι σας είναι συγκεντρωμένο σ' Αυτόν.

ΚΙ ΑΝ ΚΑΠΟΙΟΣ ΔΕ ΝΙΩΘΕΙ ΑΓΑΠΗ ΓΙΑ ΤΟ ΘΕΟ;

Το να κάθεστε στη σιωπή προσπαθώντας να νιώσετε αφοσίωση, συχνά δεν οδηγεί πουθενά. Γι' αυτό διδάσκω επιστημονικές τεχνικές διαλογισμού. Εφαρμόστε τες και θα μπορείτε να αποσυνδέετε το νου από τους περισπασμούς των αισθήσεων και από την αδιάκοπη ροή των σκέψεων. Με την Κρίγια Γιόγκα[1] η συνειδητότητα του ανθρώπου λειτουργεί σ' ένα ανώτερο επίπεδο· τότε η αφοσίωση για το Άπειρο Πνεύμα εγείρεται αυθόρμητα μέσα στην καρδιά του ανθρώπου.

---

[1] Αυτή η ανεπτυγμένη πνευματική επιστήμη της εσωτερικευμένης κοινωνίας με το Θεό, που ανακαλύφθηκε πριν από χιλιετηρίδες στην Ινδία, διδάσκεται στα *Μαθήματα του Self-Realization Fellowship* που έγραψε ο Παραμαχάνσα Γιογκανάντα. (Βλ. τελευταία σελίδα του βιβλίου.) *(Σημ. του Εκδότη)*

ΕΚΕΙ ΟΠΟΥ ΣΤΑΜΑΤΑ Η ΚΙΝΗΣΗ, ΑΡΧΙΖΕΙ Η ΑΝΤΙΛΗΨΗ ΤΟΥ ΘΕΟΥ

Μάθετε να μένετε ακίνητοι στο σώμα και στο νου, γιατί εκεί όπου σταματά η κίνηση, αρχίζει η αντίληψη του Θεού.

—⁂—

Το πρόβλημά σας με το διαλογισμό είναι ότι δεν επιμένετε για αρκετό χρόνο ώστε να έχετε αποτελέσματα. Αυτός είναι ο λόγος για τον οποίο ποτέ δε γνωρίζετε τη δύναμη του αυτοσυγκεντρωμένου νου. Αν αφήσετε ακίνητο το λασπωμένο νερό για αρκετό χρόνο, η λάσπη θα κατακαθίσει στον πάτο και το νερό θα καθαρίσει. Στο διαλογισμό, όταν αρχίσει να κατακάθεται η λάσπη των ανήσυχων σκέψεών σας, η δύναμη του Θεού αρχίζει να αντανακλάται στα καθαρά νερά της συνειδητότητάς σας.

—⁂—

Η αντανάκλαση της σελήνης δεν μπορεί να φανεί καθαρά σε ταραγμένο νερό· όταν όμως η επιφάνεια του νερού είναι γαλήνια, εμφανίζεται το τέλειο καθρέφτισμά της. Έτσι είναι και με το νου: όταν είναι ήρεμος, διακρίνετε το καθρέφτισμα του προσώπου της ψυχής. Ως ψυχές είμαστε αντανακλάσεις του Θεού. Όταν με τις τεχνικές του διαλογισμού αποσύρουμε τις ανήσυχες σκέψεις από τη λίμνη του νου, βλέπουμε την ψυχή μας, μια τέλεια αντανάκλαση του Πνεύματος, και συνειδητοποιούμε ότι η ψυχή και ο Θεός είναι Ένα.

ΜΑΘΕΤΕ ΤΗΝ ΕΠΙΣΤΗΜΗ ΤΗΣ ΕΚΠΟΜΠΗΣ ΤΩΝ ΠΡΟΣΕΥΧΩΝ ΣΑΣ ΚΑΙ ΤΗΣ ΛΗΨΗΣ ΤΩΝ ΑΠΑΝΤΗΣΕΩΝ ΤΟΥ ΘΕΟΥ

Όπως ένα χαλασμένο μικρόφωνο δεν μπορεί να εκπέμψει ένα μήνυμα, έτσι κι ένας ανήσυχος νους δεν μπορεί να εκπέμψει προσευχές στο Θεό.

―∽―

Με επιδέξια χρήση των τεχνικών του διαλογισμού, επισκευάστε το νοητικό σας μικρόφωνο. Όταν είστε ήρεμοι, το νοητικό μικρόφωνό σας λειτουργεί· είναι η στιγμή να εκπέμψετε την πρώτη και πιο σημαντική σας απαίτηση: «Πατέρα, κάνε με να συνειδητοποιήσω ξανά ότι Εσύ κι εγώ είμαστε Ένα». Πρώτα μεγαλόφωνα, μετά ψιθυριστά και τέλος νοητικά, διαβεβαιώστε: «Πατέρα, Εσύ κι εγώ είμαστε ένα».

―∽―

Μην παραιτείστε μετά από μία ή δύο προσπάθειες αν ο Θεός φαίνεται να μην απαντά. Δεν μπορείτε να λάβετε μια απάντηση απλώς καλώντας κάποιον μέσω ενός μικροφώνου και ύστερα φεύγοντας μακριά. Μη σταματάτε λοιπόν ύστερα από μία ή δύο νοητικές εκπομπές· με συνειδητή προσπάθεια και ζήλο, συνεχίστε να μιλάτε νοητικά στο Θεό με μια διαρκώς αυξανόμενη λαχτάρα στην καρδιά σας.

—⚜—

Να προσεύχεστε σωστά, με θέρμη ψυχής –όχι φωναχτά αλλά νοητικά– χωρίς να δείχνετε σε κανέναν τι συμβαίνει μέσα σας. Να προσεύχεστε με ύψιστη αφοσίωση, γνωρίζοντας ότι ο Θεός ακούει κάθε λέξη που βγαίνει από την καρδιά σας.

—⚜—

Αν ύστερα από επανειλημμένες προσπάθειες εξακολουθείτε να μη βλέπετε το Θεό ή να μην ακούτε το χτύπημά Του στην πόρτα της καρδιάς σας, μην αποθαρρύνεστε. Για μεγάλο χρονικό διάστημα τρέχατε μακριά Του, κρυμμένοι στους βάλτους των αισθήσεων. Οι θόρυβοι των δικών σας παθών και τα βαριά βήματά σας μέσα στον κόσμο της ύλης σάς έχουν κάνει ανήμπορους να ακούσετε το κάλεσμά Του μέσα σας. Σταματήστε. Ησυχάστε. Να προσεύχεστε σταθερά και, μέσα από τη σιωπή, θα αναδυθεί η Θεϊκή Παρουσία.

Όταν αισθάνεστε ένα ξέσπασμα συγκίνησης από χαρά να εξαπλώνεται στην καρδιά και στο σώμα σας, το οποίο εξακολουθεί να αυξάνεται ακόμα και μετά το διαλογισμό, έχετε λάβει τη μία βέβαιη απόδειξη ότι ο Θεός έχει αποκριθεί μέσω του συντονισμένου με αφοσίωση ραδιοφώνου της καρδιάς σας. Η καρδιά, η οποία είναι το κέντρο του συναισθήματος, και ο νους, ο οποίος είναι το κέντρο της λογικής, πρέπει να είναι μονόπλευρα εστιασμένα ώστε το μήνυμα που εκπέμπετε μέσω του νοητικού ραδιοφώνου να φτάσει στο Θεό και να λάβετε την απάντησή Του.

Όσο περισσότερο και βαθύτερα διαλογίζεστε και προσεύχεστε σ' Αυτόν, τόσο βαθύτερα θα αισθάνεστε και θα έχετε συναίσθηση της διευρυνόμενης χαράς στην καρδιά σας. Τότε θα ξέρετε πέρα από κάθε αμφιβολία ότι υπάρχει Θεός και είναι πάντα υπάρχων, πάντα συνειδητός, πανταχού παρών, πάντα ανανεούμενη Χαρά. Τότε είναι ο κατάλληλος χρόνος να Του ζητήσετε: «Πατέρα, τώρα, σήμερα, κάθε μέρα, κάθε αύριο, κάθε στιγμή, στον ύπνο, στην εγρήγορση, στη ζωή, στο θάνατο, σ' αυτόν τον κόσμο και στο επέκεινα, μείνε μαζί μου σαν συνειδητά ανταποκρινόμενη Χαρά της καρδιάς μου».

Μετά την προσευχή, ζητήστε, αν επιθυμείτε, θεραπεία του σώματος, ευημερία, ή οποιαδήποτε άλλη εγκόσμια βοήθεια κρίνει η διακριτική σοφία σας ότι χρειάζεται.

—∞—

Να προσεύχεστε μέχρι να σας απαντήσει μέσω της κατανοητής φωνής της απεριόριστης ξεχυνόμενης χαράς που κάνει κάθε κύτταρο του σώματος και κάθε σκέψη να ριγεί· ή μέσω αληθινών οραμάτων, τα οποία να σας δείχνουν τι πρέπει να κάνετε. Να προσεύχεστε ακατάπαυστα μέχρι να είστε απόλυτα σίγουροι για τη θεϊκή επαφή και ύστερα διεκδικήστε την ικανοποίηση των σωματικών, νοητικών ή πνευματικών αναγκών σας από τον Ύψιστο ως το θεϊκό κληρονομικό σας δικαίωμα.

ΤΜΗΜΑ

III

Να Γνωρίζετε για τι Ακριβώς Προσεύχεστε

ΠΟΙΑ ΕΙΝΑΙ Η ΚΑΛΥΤΕΡΗ ΠΡΟΣΕΥΧΗ;

Να λέτε στον Κύριο: «Πες μου Σε παρακαλώ ποιο είναι το θέλημά Σου». Μη λέτε: «Θέλω αυτό ή εκείνο», αλλά να έχετε πίστη ότι γνωρίζει τι χρειάζεστε. Θα διαπιστώσετε ότι αποκτάτε πολύ καλύτερα πράγματα όταν επιλέγει Εκείνος για σας.

Προσδιορίστε έντιμα αν η προσευχή σας είναι θεμιτή. Μη ζητάτε από το Θεό πράγματα που είναι ακατόρθωτα στο πλαίσιο της φυσικής τάξης της ζωής. Να ζητάτε μόνον όσα αφορούν πραγματικές ανάγκες. Και να ξέρετε τη διαφορά ανάμεσα στις «αναγκαίες ανάγκες» και στις «περιττές ανάγκες». [...] Αποβάλετε τις επιθυμίες για αχρείαστα αποκτήματα. Να συγκεντρώνεστε μόνο στις πραγματικές σας ανάγκες. Η μεγαλύτερη ανάγκη σας είναι ο Θεός. Θα ικανοποιήσει όχι μόνον τις «αναγκαίες», αλλά και τις «περιττές» ανάγκες σας. Θα ικανοποιήσει κάθε επιθυμία σας όταν θα είστε ένα μαζί Του. Θα εκπληρωθούν και τα πιο τρελά όνειρά σας.

Εκείνα που χρειάζεστε στη ζωή είναι αυτά που θα σας βοηθήσουν να εκπληρώσετε τον κύριο σκοπό σας. Πράγματα που μπορεί να *θέλετε* αλλά να μη *χρειάζεστε*, ίσως να σας παρασύρουν μακριά απ' αυτό το σκοπό. Μόνον όταν κάνετε το καθετί να εξυπηρετεί τον κύριο αντικειμενικό σας στόχο θα πετύχετε. Συλλογιστείτε αν η εκπλήρωση του στόχου που έχετε επιλέξει θα συνιστά επιτυχία. *Τι είναι επιτυχία;* Αν έχετε πλούτη και υγεία, αλλά έχετε προβλήματα με όλους (συμπεριλαμβανομένου και του εαυτού σας), η ζωή σας δεν είναι επιτυχημένη. Η ύπαρξη γίνεται μάταιη αν δεν μπορείτε να βρείτε ευτυχία. Αν τα πλούτη χαθούν, έχετε χάσει λίγα· αν η υγεία χαθεί, έχετε χάσει κάτι πιο σοβαρό· αν όμως η γαλήνη του νου χαθεί, έχετε χάσει τον πολυτιμότερο θησαυρό.

ΟΣΟ ΠΕΡΙΣΣΟΤΕΡΟ ΕΠΙΚΕΝΤΡΩΝΕΣΤΕ ΣΤΑ ΕΞΩΤΕΡΙΚΑ ΠΡΑΓΜΑΤΑ, ΤΟΣΟ ΛΙΓΟΤΕΡΟ ΕΥΤΥΧΙΣΜΕΝΟΙ ΘΑ ΕΙΣΤΕ

Το μουλάρι που μεταφέρει μια τσάντα με χρυσάφι στην πλάτη του δεν ξέρει την αξία του φορτίου αυτού. Κατά τον ίδιο τρόπο, ο άνθρωπος είναι τόσο απορροφημένος από το να μεταφέρει βάρη στη ζωή, ελπίζοντας ότι θα βρει λίγη ευτυχία στο τέλος του δρόμου, που δεν αντιλαμβάνεται ότι μεταφέρει μέσα του την ύψιστη και παντοτινή μακαριότητα της ψυχής. Επειδή αναζητά την ευτυχία σε «πράγματα», δε γνωρίζει ότι κατέχει ήδη έναν πλούτο ευτυχίας μέσα του.

Ο ΘΕΟΣ ΔΕΝ ΕΙΝΑΙ ΚΑΤΙ ΠΟΥ ΠΡΕΠΕΙ ΝΑ ΚΕΡΔΙΣΕΤΕ

Ύστερα από λίγο οι ανέσεις γίνονται βάρος, δεν είναι πια απολαύσεις, γιατί διαπιστώνετε ότι είναι σκληρή δουλειά να μεριμνάτε γι' αυτές. Έτσι, «πληρώνετε» για οτιδήποτε αποκτάτε, εκτός από τη θεϊκή μακαριότητα. Γι' αυτήν το μόνο που χρειάζεται είναι να κάθεστε ακίνητοι και να τη ζητάτε από τον Ουράνιο Πατέρα σας. Αν θεωρούσα ότι έπρεπε να «κερδίσω» το Θεό, δε θα το επιχειρούσα· ως γιος έχω δικαίωμα να Τον γνωρίσω. Αν ζητήσετε το δικαίωμά σας από τον Πατέρα, θα σας το δώσει. Ο Θεός έρχεται στους πιστούς που Τον παρακινούν επίμονα να εμφανιστεί. Αυτό είναι που θέλει.

«ΥΠΟΣΤΗΡΙΞΕ ΜΕ ΣΥΜΦΩΝΑ ΜΕ ΤΟ ΘΕΛΗΜΑ ΣΟΥ»

Δεν είναι κακό να λέμε στον Κύριο ότι θέλουμε κάτι. Φανερώνει όμως μεγαλύτερη πίστη αν λέμε απλά: «Ουράνιε Πατέρα, ξέρω ότι προλαμβάνεις όλες τις ανάγκες μου. Υποστήριξέ με σύμφωνα με το θέλημά Σου». Αν κάποιος για παράδειγμα θέλει να αποκτήσει ένα αυτοκίνητο και προσεύχεται γι' αυτό με επαρκή ένταση, θα το αποκτήσει. Η κατοχή όμως ενός αυτοκινήτου ίσως να μην είναι το καλύτερο γι' αυτόν. Μερικές φορές ο Κύριος αρνείται τις μικρές προσευχές μας επειδή θέλει να μας προσφέρει ένα καλύτερο δώρο. Να εμπιστεύεστε περισσότερο το Θεό. Να πιστεύετε ότι Εκείνος που σας δημιούργησε θα σας συντηρεί.

―⁂―

Είναι γεγονός ότι μερικές φορές οι πιο ένθερμες προσευχές σας και επιθυμίες σας είναι οι μεγαλύτεροι εχθροί σας. Να μιλάτε ειλικρινά και δίκαια με το Θεό και να αφήνετε να αποφασίζει Εκείνος τι είναι το σωστό για σας. Αν είστε δεκτικοί, θα σας οδηγήσει, θα συνεργαστεί μαζί σας. Ακόμα κι αν κάνετε λάθη, μη φοβάστε. Να έχετε πίστη. Να ξέρετε ότι ο Θεός είναι μαζί σας. Να καθοδηγείστε σε οτιδήποτε κάνετε απ' αυτή τη Δύναμη. Είναι αλάνθαστη.

ΝΑ ΠΡΟΣΕΥΧΕΣΤΕ ΣΤΟ ΘΕΟ ΓΙΑ ΚΑΘΟΔΗΓΗΣΗ

Η κατάλληλη στιγμή να προσευχηθείτε στο Θεό για καθοδήγηση είναι όταν έχετε ήδη διαλογιστεί κι έχετε αισθανθεί εκείνη την εσωτερική γαλήνη και χαρά· τότε είναι η ώρα που έχετε έρθει σε επαφή με το Θεό. Αν πιστεύετε ότι έχετε κάποια ανάγκη, μπορείτε να τη θέσετε στο Θεό και να Τον ρωτήσετε αν η προσευχή σας είναι θεμιτή. Αν αισθάνεστε μέσα σας ότι το αίτημά σας είναι δίκαιο, προσευχηθείτε ως εξής: «Κύριε, γνωρίζεις ότι έχω αυτή την ανάγκη. Θα σκέφτομαι, θα είμαι δημιουργικός, θα κάνω οτιδήποτε είναι αναγκαίο. Το μόνο που Σου ζητώ είναι να καθοδηγείς τη θέληση και τις δημιουργικές μου ικανότητες ώστε να πράττω σωστά».

ΝΑ ΖΗΤΑΤΕ ΤΗΝ ΚΑΘΟΔΗΓΗΣΗ ΤΟΥ ΜΕΣΑ ΣΑΣ

Πηγαίνετε στο Θεό· να προσεύχεστε και να Του φωνάζετε μέχρι να σας δείξει τα έργα των νόμων Του και να σας καθοδηγήσει. Να θυμάστε, πιο σημαντικό από ένα εκατομμύριο συλλογισμούς του νου είναι να διαλογίζεστε στο Θεό μέχρι να αισθανθείτε εσωτερική ηρεμία. Τότε πείτε στον Κύριο: «Δεν μπορώ να λύσω μόνος μου το πρόβλημά μου, έστω κι αν κάνω εκατομμύρια διαφορετικές σκέψεις· μπορώ όμως να το λύσω αν το εναποθέσω στα χέρια Σου, ζητώντας πρώτα την καθοδήγησή Σου και μετά επεξεργαζόμενος νοητικά τις διάφορες προοπτικές μιας πιθανής λύσης». Ο Θεός πράγματι βοηθά αυτούς που βοηθούν τον εαυτό τους. Όταν ο νους σας είναι ήρεμος και γεμάτος πίστη μετά την προσευχή στο Θεό στο διαλογισμό, μπορείτε να βρείτε διάφορες απαντήσεις στα προβλήματά σας· κι επειδή ο νους σας είναι ήρεμος, είστε ικανοί να επιλέξετε την καλύτερη λύση. Ακολουθήστε την και θα πετύχετε. Αυτό σημαίνει να εφαρμόζετε την επιστήμη της θρησκείας στην καθημερινή σας ζωή.

«ΖΗΤΑΤΕ ΠΡΩΤΑ ΤΗ ΒΑΣΙΛΕΙΑ ΤΟΥ ΘΕΟΥ ΚΑΙ ΟΛΑ ΘΑ ΣΑΣ ΧΟΡΗΓΗΘΟΥΝ»

Οι περισσότεροι άνθρωποι νομίζουν ότι αν πρώτα αποκτήσουν ευημερία και υλική ασφάλεια, μπορούν στη συνέχεια να σκεφτούν το Θεό. Μια τέτοια όμως χρονοτριβή οδηγεί μόνο σ' έναν κύκλο ατελείωτης απογοήτευσης. Πρώτα πρέπει να βρεθεί ο Θεός. Είναι η μεγαλύτερη ανάγκη στη ζωή σας, γιατί Αυτός είναι η Πηγή της παντοτινής ευτυχίας και ασφάλειας. Αν έστω και για μια φορά έρθει σ' εσάς η συνειδητότητα της παρουσίας Του, τότε θα γνωρίσετε τι είναι αληθινή ευτυχία. Αν έστω και μια φορά έχετε αυτήν την πραγματική επαφή με το Θεό, θα συνειδητοποιήσετε πως όταν έχετε Εκείνον, το σύμπαν βρίσκεται στα πόδια σας. Ο Θεός είναι ο προμηθευτής σας· πρέπει να είναι πάντα μαζί σας.

―⁕―

Αν σκέφτεστε το Θεό μέσα σε βαθύτατο διαλογισμό, αν Τον αγαπάτε με όλη σας την καρδιά και αισθάνεστε απόλυτη γαλήνη με την παρουσία Του, χωρίς να επιθυμείτε τίποτα άλλο, ο θεϊκός μαγνητισμός Του θα προσελκύσει σ' εσάς όλα όσα ονειρευτήκατε ποτέ και ακόμα περισσότερα. Έχω αποδείξει αυτή την αλήθεια σε κάθε τομέα της ζωής μου: αν αγαπάτε το Θεό γι' Αυτόν τον Ίδιο και όχι για όσα μπορεί να σας προσφέρει· και αν προσελκύεστε απόλυτα από το θεϊκό μαγνητισμό Του, αυτή η δύναμή Του βγαίνει μέσα από τη δική σας καρδιά και το νου και τότε, ακόμα και με την πιο μικρή ευχή σας, θα προσελκύετε στον εαυτό σας την εκπλήρωση αυτής της επιθυμίας. Αν αισθάνεστε άνευ όρων αγάπη για το Θεό, Εκείνος στέλνει σκέψεις στο νου άλλων ανθρώπων, οι οποίοι γίνονται το μέσον για την ικανοποίηση ακόμα και επιθυμιών που δεν έχετε καν προφέρει.

—∞—

Κάθε προσευχή που αρθρώνετε αντιπροσωπεύει μια επιθυμία. Όταν όμως βρείτε το Θεό, εξαφανίζονται όλες οι επιθυμίες και δεν υπάρχει ανάγκη για προσευχή. Εγώ δεν προσεύχομαι. Ίσως αυτό να ακούγεται παράξενο, αλλά όταν το Αντικείμενο της προσευχής σου είναι διαρκώς μαζί σου, δεν χρειάζεται να προσεύχεσαι. Στην ικανοποίηση της επιθυμίας ή της προσευχής για να έχουμε Εκείνον βρίσκεται η αιώνια χαρά.

Σας λέω ειλικρινά πως όλες οι απορίες μου έχουν απαντηθεί, όχι από τους ανθρώπους αλλά από το Θεό. *Υπάρχει. Υπάρχει.* Το πνεύμα Του είναι που σας μιλά μέσα από μένα. Είναι η αγάπη Του αυτό για το οποίο μιλώ. Η μια συγκίνηση μετά την άλλη! Η αγάπη Του έρχεται σαν απαλό αεράκι στην ψυχή. Μέρα και νύχτα, εβδομάδα με την εβδομάδα, χρόνο με το χρόνο, όλο και αυξάνεται – δεν ξέρεις πού είναι το τέλος. Κι αυτό ακριβώς είναι που ζητάτε, καθένας από σας. Νομίζετε ότι θέλετε ανθρώπινη αγάπη και ευημερία, αλλά πίσω απ' αυτά βρίσκεται ο Πατέρας σας που σας καλεί. Αν συνειδητοποιήσετε ότι είναι σημαντικότερος απ' όλα τα δώρα Του, θα Τον βρείτε.

ΤΜΗΜΑ

IV

Να Έχετε Μια Καθαρή Σύλληψη Του Θεού

ΟΤΑΝ ΕΦΑΡΜΟΖΕΤΑΙ Η ΣΩΣΤΗ ΜΕΘΟΔΟΣ, ΦΕΡΝΕΙ ΜΕ ΕΠΙΣΤΗΜΟΝΙΚΟ ΤΡΟΠΟ ΑΠΟΤΕΛΕΣΜΑΤΑ

Εκείνο που φέρνει τα επιθυμητά αποτελέσματα είναι η ακριβής γνώση του πώς και πότε να προσεύχεστε, σύμφωνα με τη φύση των αναγκών σας. Όταν εφαρμόζεται η σωστή μέθοδος, θέτει σε λειτουργία τους κατάλληλους νόμους του Θεού· η λειτουργία αυτών των νόμων φέρνει αποτελέσματα με επιστημονικό τρόπο.

Πρώτα πρέπει να έχετε μια σωστή σύλληψη του Θεού –μια ξεκάθαρη ιδέα μέσω της οποίας να μπορείτε να δημιουργήσετε μια σχέση μαζί Του– και μετά πρέπει να διαλογίζεστε και να προσεύχεστε μέχρι να μετατραπεί αυτή η νοητική σύλληψη σε πραγματική αντίληψη.

ΤΙ ΕΙΝΑΙ ΘΕΟΣ;

Ο Θεός είναι Αιώνια Μακαριότητα. Η υπόστασή Του είναι αγάπη, σοφία και χαρά. Είναι ταυτόχρονα και προσωπικός και απρόσωπος και εκδηλώνεται με όποιον τρόπο ευαρεστείται. Εμφανίζεται μπροστά στους αγίους Του με την πιο οικεία για τον καθένα τους μορφή: ένας Χριστιανός βλέπει τον Χριστό, ένας Ινδουιστής βλέπει τον Κρίσνα ή τη Θεϊκή Μητέρα κ.ο.κ. Οι πιστοί των οποίων το προσκύνημα έχει απρόσωπο χαρακτήρα συνειδητοποιούν τον Κύριο ως ένα άπειρο Φως ή ως τον θαυμαστό ήχο *Ομ*, τον αρχέγονο Λόγο, το Άγιο Πνεύμα. Η ανώτερη εμπειρία που μπορεί να έχει ο άνθρωπος είναι να αισθανθεί αυτή τη Μακαριότητα, στην οποία εμπεριέχεται πλήρως κάθε άλλη όψη της Θεότητας – αγάπη, σοφία, αθανασία. Πώς να μπορέσω όμως να σας μεταδώσω με λόγια τη φύση του Θεού; Είναι ανείπωτος, απερίγραπτος. Μόνο μέσα στο βαθύ διαλογισμό θα γνωρίσετε την απαράμιλλη ουσία Του.

Σε πολλούς ανθρώπους δεν αρέσει να σκέφτονται τον Κύριο ως προσωπικό· νιώθουν ότι μια ανθρωπομορφική σύλληψη είναι περιοριστική. Τον θεωρούν Απρόσωπο Πνεύμα, Παντοδυναμία, τη Νοήμονα Δύναμη που είναι υπεύθυνη για το σύμπαν. Αν όμως ο Δημιουργός μας είναι απρόσωπος, πώς δημιούργησε ανθρώπινα πλάσματα; Εμείς είμαστε προσωπικοί· έχουμε ατομικότητα. Σκεφτόμαστε, αισθανόμαστε, έχουμε βούληση· και ο Θεός δε μας έδωσε μόνο τη δυνατότητα να εκτιμάμε τις σκέψεις και τα συναισθήματα των άλλων, αλλά και να ανταποκρινόμαστε σ' αυτά. Από τον Κύριο ασφαλώς δε λείπει το πνεύμα της αμοιβαιότητας που δίνει ζωή στα ίδια Του τα πλάσματα. Όταν το επιτρέψουμε, ο Ουράνιος Πατέρας μας μπορεί να διαμορφώσει μια προσωπική σχέση με τον καθένα μας και θα το κάνει.

ΜΠΟΡΕΙΤΕ ΝΑ ΤΟΝ ΔΕΙΤΕ ΑΠΟ ΑΥΤΟ ΤΟ ΒΡΑΔΥ ΑΝ ΕΙΣΤΕ ΑΠΟΦΑΣΙΣΜΕΝΟΙ

Κάθε σύντομη περίοδο που δεν έχετε δουλειά, βυθίζετε το νου σας μέσα στην άπειρη σκέψη γι' Αυτόν. Μιλάτε Του με οικειότητα· είναι ο πιο κοντινός των κοντινών, ο πιο αγαπημένος των αγαπημένων. Να Τον αγαπάτε όπως ένας φιλάργυρος αγαπά τα χρήματα, όπως ο ερωτευμένος αγαπά την αγαπημένη του, όπως κάποιος που πνίγεται αγαπά την ανάσα. Όταν λαχταράτε έντονα το Θεό, θα έρθει σ' εσάς.

Πέρσι το καλοκαίρι σταμάτησα σ' ένα μοναστήρι όπου συνάντησα έναν από τους ιερείς. Ήταν μια υπέροχη ψυχή. Τον ρώτησα πόσο καιρό βρισκόταν ως μοναχός στο πνευματικό μονοπάτι. «Περίπου είκοσι πέντε χρόνια», αποκρίθηκε.

Ύστερα ρώτησα: «Βλέπετε τον Χριστό;»

«Δεν το αξίζω», απάντησε. «Ίσως να με επισκεφτεί μετά το θάνατο».

«Όχι», τον διαβεβαίωσα. «Μπορείτε να τον δείτε από σήμερα κιόλας το βράδυ, αν το αποφασίσετε».

Τα μάτια του δάκρυσαν και έμεινε σιωπηλός.

Πρέπει να προσεύχεστε έντονα. Αν κάθε βράδυ κάθεστε και διαλογίζεστε και φωνάζετε στο Θεό, το σκοτάδι θα φύγει και θα δείτε το Φως που υπάρχει πίσω απ' αυτό το υλικό φως, τη Ζωή πίσω απ' όλη τη ζωή, τον Πατέρα πίσω απ' όλους τους πατέρες, τη Μητέρα πίσω απ' όλες τις μητέρες, το Φίλο πίσω απ' όλους τους φίλους, το Στοιχείο πίσω απ' όλα τα στοιχεία, τη Δύναμη πίσω απ' όλες τις δυνάμεις.

ΤΜΗΜΑ

V

Να Προσεύχεστε με Ισχυρή Δύναμη Θελήσεως

Η ΣΩΣΤΗ ΠΡΟΣΕΥΧΗ ΠΕΡΙΛΑΜΒΑΝΕΙ ΔΥΝΑΜΗ ΘΕΛΗΣΗΣ

Οι τεμπέληδες πιστεύουν ότι μόνο με την προσευχή ο Θεός θα τους ακούσει και θα εκπληρώσει τις επιθυμίες τους. Είναι αναγκαίο όμως να χρησιμοποιείτε τη δύναμη της θέλησης, να πασχίζετε να τη συντονίσετε με τη θεϊκή θέληση. Όταν η θέλησή σας περιστρέφεται διαρκώς γύρω από ένα συγκεκριμένο σκοπό, γίνεται δυναμική θέληση. Αυτή είναι η ποιότητα της δύναμης της θέλησης που κατείχε ο Ιησούς και όλοι οι άλλοι μεγάλοι γιοι του Θεού.

―∞―

Πολλοί άνθρωποι λένε ότι δεν πρέπει να ασκούμε τη θέλησή μας για να αλλάξουμε τις συνθήκες, μήπως και παρέμβουμε στο σχέδιο του Θεού. Γιατί όμως μας έδωσε ο Θεός θέληση αν δεν πρέπει να τη χρησιμοποιούμε; Γνώρισα κάποτε έναν φανατικό, ο οποίος έλεγε ότι δεν πίστευε στη χρησιμοποίηση της δύναμης της θέλησης επειδή αναπτύσσει το εγώ. «Τώρα χρησιμοποιείτε μεγάλη δύναμη θέλησης για να μου αντισταθείτε!», απάντησα. «Τη χρησιμοποιείτε για να μιλάτε και είστε υποχρεωμένος να τη χρησιμοποιείτε για να στέκεστε, ή να περπατάτε, ή να τρώτε, ή για να πηγαίνετε στον κινηματογράφο ή ακόμα και για να πηγαίνετε για ύπνο. Κάνετε τα πάντα με τη θέλησή σας. Χωρίς δύναμη θέλησης θα ήσαστε μια μηχανή». Ο Ιησούς δεν εννοούσε ότι δεν πρέπει να χρησιμοποιείται η θέληση όταν είπε: «Όχι όπως εγώ θέλω, αλλά όπως Εσύ θέλεις». Διακήρυττε ότι ο άνθρωπος πρέπει να μάθει να κάμπτει τη θέλησή του, η οποία κυβερνάται από επιθυμίες, σύμφωνα με τη θέληση του Θεού. Η σωστή προσευχή επομένως, όταν είναι επίμονη, είναι θέληση.

ΟΙ ΣΥΝΕΧΕΙΣ ΝΟΗΤΙΚΟΙ ΨΙΘΥΡΟΙ ΑΝΑΠΤΥΣΣΟΥΝ ΜΙΑ ΙΣΧΥΡΗ ΔΥΝΑΜΗ Η ΟΠΟΙΑ ΕΚΠΛΗΡΩΝΕΙ ΤΗ ΘΕΛΗΣΗ ΣΑΣ

Όταν θέλετε να δείτε μια ξεχωριστή παράσταση, ή να αγοράσετε ένα φόρεμα ή ένα αυτοκίνητο που θαυμάζετε, δεν είναι αλήθεια πως με οτιδήποτε άλλο κι αν ασχολείστε, ο νους σας σκέφτεται συνεχώς με ποιο τρόπο μπορείτε να αποκτήσετε αυτά τα πράγματα; Μέχρι να ικανοποιήσετε τις ισχυρές επιθυμίες σας, ο νους σας δε βρίσκει ανάπαυση· εργάζεται αδιάκοπα για την ικανοποίηση των επιθυμιών αυτών. [...]

Οι νοητικοί ψίθυροι αναπτύσσουν μια ισχυρή δύναμη με την οποία μπορείτε να αναδιαμορφώσετε την ύλη ανάλογα με τη θέλησή σας. Δε συνειδητοποιείτε πόσο μεγάλη είναι η δύναμη του νου. Όταν ο νους και η θέλησή σας έχουν συντονιστεί με τη Θεϊκή Θέληση, δε χρειάζεται να κουνήσετε ούτε το δάχτυλό σας για να επιφέρετε αλλαγές στη γη. Ο θεϊκός νόμος θα εργάζεται για σας. Όλα τα μεγάλα επιτεύγματα της ζωής μου έχουν γίνει μ' αυτή τη δύναμη του νου σε συντονισμό με τη θέληση του Θεού. Όταν λειτουργεί αυτή η θεϊκή γεννήτρια, ό,τι επιθυμώ γίνεται.

Συνεχίστε να εφαρμόζετε τη θέληση και θετικές διαβεβαιώσεις μέχρι να κάνετε τη σκέψη να εργάζεται για σας. Η σκέψη είναι το καλούπι όλης της δημιουργίας· η σκέψη δημιούργησε τα πάντα. Αν έχετε στο νου σας αυτήν την αλήθεια με ακατάβλητη θέληση, μπορείτε να υλοποιείτε κάθε σκέψη. Δεν υπάρχει τίποτα που να μπορεί να την αντικρούσει. Μ' αυτού του είδους την ισχυρή σκέψη ο Χριστός έχτισε ξανά το σταυρωμένο σώμα του· και σ' αυτό αναφερόταν όταν είπε: «Και όλα όσα ζητήσετε στην προσευχή, αν πιστεύετε θα τα λάβετε».

Στην απομόνωση της συγκεντρωμένης σκέψης βρίσκεται κρυμμένο το εργοστάσιο όλων των επιτευγμάτων. Να το θυμάστε αυτό. Σ' αυτό το εργοστάσιο να υφαίνετε αδιάκοπα το πρότυπο της θέλησής σας που φέρνει την επιτυχία, υπερνικώντας τις δυσκολίες. Να ασκείτε ασταμάτητα τη θέλησή σας. Κατά τη διάρκεια της ημέρας και κατά τη νύχτα, έχετε πολλές ευκαιρίες να εργάζεστε σ' αυτό το εργοστάσιο αν δε σπαταλάτε το χρόνο σας. Τα βράδια αποσύρομαι από τις απαιτήσεις του κόσμου και μένω μόνος, απόλυτα ξένος προς τον κόσμο· ο κόσμος παύει να υπάρχει. Μόνος, με τη δύναμη της θέλησής μου, στρέφω τις σκέψεις μου στην κατεύθυνση που επιθυμώ, μέχρι να αποφασίσω ακριβώς τι θέλω να κάνω και πώς να το κάνω. Ύστερα πειθαρχώ τη θέλησή μου να δραστηριοποιηθεί σωστά, κι αυτό φέρνει την επιτυχία. Μ' αυτόν τον τρόπο έχω χρησιμοποιήσει αποτελεσματικά τη δύναμη της θέλησής μου πολλές φορές.

ΟΤΑΝ ΤΟ «ΔΕΝ ΜΠΟΡΩ» ΕΞΑΦΑΝΙΖΕΤΑΙ ΑΠΟ ΤΟ ΝΟΥ ΣΑΣ, ΕΡΧΕΤΑΙ Η ΘΕΪΚΗ ΔΥΝΑΜΗ

Πρέπει να πιστεύετε στη δυνατότητα πραγματοποίησης εκείνων για τα οποία προσεύχεστε. Αν θέλετε ένα σπίτι και ο νους λέει: «Αφελή, δεν έχεις τα απαιτούμενα οικονομικά μέσα για ένα σπίτι», πρέπει να ισχυροποιήσετε τη θέλησή σας. Όταν το «δεν μπορώ» εξαφανίζεται από το νου σας, έρχεται η θεϊκή δύναμη. Δε θα πέσει από τον ουρανό σ' εσάς ένα σπίτι· πρέπει να εφαρμόζετε συνεχώς τη δύναμη της θέλησής σας μέσα από δημιουργικές πράξεις. Αν επιμείνετε, αρνούμενοι να αποδεχθείτε την αποτυχία, το αντικείμενο της θέλησής σας *πρέπει* να υλοποιηθεί. Αν διαρκώς εφαρμόζετε τη θέλησή σας μέσω των σκέψεων και των δραστηριοτήτων σας, αυτό που επιθυμείτε *πρέπει* να γίνει. Ακόμα κι αν δεν υπάρχει τίποτα στον κόσμο που να υποστηρίζει την επιθυμία σας, αν η θέλησή σας επιμείνει, το επιθυμητό αποτέλεσμα θα εκδηλωθεί με κάποιο τρόπο. Σ' αυτό το είδος της θέλησης έγκειται η απάντηση του Θεού· διότι η θέληση προέρχεται από το Θεό και η συνεχής θέληση είναι θεϊκή θέληση. Η αδύναμη θέληση είναι θνητή θέληση. Μόλις οι δοκιμασίες και οι αποτυχίες την αναχαιτίσουν, χάνει τη σύνδεσή της με τη γεννήτρια του Απείρου. Πίσω όμως από την ανθρώπινη θέληση υπάρχει η θεϊκή θέληση, η οποία δεν μπορεί να αποτύχει ποτέ. Ακόμα κι ο θάνατος δεν έχει δύναμη να πτοήσει τη θεϊκή θέληση. Ο Κύριος θα απαντήσει οπωσδήποτε στην προσευχή εκείνη πίσω από την οποία η δύναμη της θέλησης είναι διαρκής.

«ΑΝ ΠΕΙΤΕ ΣΤΟ ΒΟΥΝΟ ΤΟΥΤΟ "ΜΕΤΑΤΟΠΙΣΟΥ" [...]»

Αν αποφασίσετε να κάνετε καλές πράξεις, θα το καταφέρετε αν χρησιμοποιήσετε ισχυρή δύναμη θέλησης. Όποιες κι αν είναι οι συνθήκες, αν συνεχίσετε να προσπαθείτε, ο Θεός θα δημιουργήσει τα μέσα με τα οποία η θέλησή σας θα βρει την κατάλληλη ανταμοιβή. Αυτή είναι η αλήθεια στην οποία αναφερόταν ο Ιησούς όταν είπε: «Εάν έχετε πίστη και δεν αμφιβάλλετε [...] αν πείτε στο βουνό τούτο: μετατοπίσου και πέσε στη θάλασσα, θα γίνει».

―⁂―

Μελετήστε τις ζωές των αγίων. Αυτά που σας φαίνονται εύκολα να κάνετε δεν είναι η οδός του Κυρίου. Αυτά που σας φαίνονται δύσκολα είναι η οδός Του! Ο Άγιος Φραγκίσκος αντιμετώπιζε πολύ περισσότερα προβλήματα απ' όσα φαντάζεστε, αλλά δεν εγκατέλειψε την προσπάθεια. Με τη δύναμη του νου ξεπέρασε ένα προς ένα αυτά τα εμπόδια και έγινε ένα με τον Κύριο του Σύμπαντος. Γιατί να μην έχετε κι εσείς την ίδια αποφασιστικότητα;

ΠΩΣ ΜΠΟΡΟΥΜΕ ΝΑ ΑΝΑΠΤΥΞΟΥΜΕ ΤΗ ΘΕΛΗΣΗ;

Κάθε μέρα να προσπαθείτε να κάνετε κάτι που σας είναι δύσκολο. Ακόμα κι αν αποτύχετε πέντε φορές, συνεχίστε την προσπάθεια και μόλις τα καταφέρετε, εφαρμόστε τη συγκεντρωμένη θέλησή σας σε κάτι άλλο. Θα μπορείτε έτσι να επιτυγχάνετε ολοένα και σπουδαιότερα πράγματα. Η θέληση είναι το όργανο της εικόνας του Θεού μέσα σας. Στη θέληση βρίσκεται η απεριόριστη δύναμή Του, η δύναμη που ελέγχει όλες τις δυνάμεις της φύσης. Καθώς είστε δημιουργημένοι κατ' εικόνα Του, η δύναμη αυτή είναι δική σας για να πραγματοποιήσετε οτιδήποτε επιθυμείτε: μπορείτε να δημιουργήσετε ευημερία· μπορείτε να μετατρέψετε το μίσος σε αγάπη. Να προσεύχεστε μέχρις ότου το σώμα και ο νους υποταχθούν απόλυτα· τότε θα λάβετε την ανταπόκριση του Θεού.

ΝΑ ΕΙΣΤΕ ΣΟΒΑΡΟΙ ΚΑΙ ΑΠΟΦΑΣΙΣΜΕΝΟΙ ΟΣΟΝ ΑΦΟΡΑ ΤΟ ΘΕΟ

Οι περισσότεροι άνθρωποι, όταν εκφράζουν την επιθυμία να θεραπευτούν και την πεποίθηση ότι ο Θεός μπορεί να τους θεραπεύσει, απλά εύχονται. Στην πραγματικότητα προσεύχονται με δυσπιστία στην καρδιά τους ή με μια αίσθηση ματαιότητας, θεωρώντας ότι ο Θεός δε θα εισακούσει τις προσευχές τους· ή προσεύχονται αλλά δεν περιμένουν για να διαπιστώσουν αν οι προσευχές τους έφτασαν στο Θεό.

―⁂―

Αν μιλάτε στο Θεό για λίγο κι ύστερα Τον ξεχνάτε, δε θα σας απαντήσει ποτέ. Ο Θεός είναι «δύσκολο να αποκτηθεί», γιατί δεν είναι όλοι «σοβαροί και αποφασισμένοι» μαζί Του. Η τεχνική της προσευχής είναι συνήθως αναποτελεσματική επειδή οι περισσότερες προσευχές δεν είναι αρκετά βαθιές ή δεν περιέχουν επαρκή αφοσίωση.

―⁂―

ΝΑ ΦΩΝΑΖΕΤΕ ΜΕΧΡΙ ΝΑ ΕΡΘΕΙ Η ΘΕΪΚΗ ΜΗΤΕΡΑ

Η μόνη αποτελεσματική προσευχή είναι εκείνη που γίνεται με την ψυχή σας να φλέγεται από επιθυμία για το Θεό. Σίγουρα έχετε προσευχηθεί κάποια φορά μ' αυτόν τον τρόπο· ίσως όταν θέλατε κάτι πάρα πολύ, ή χρειαζόσασταν επειγόντως χρήματα – τότε κάψατε τον αιθέρα με την επιθυμία σας. Έτσι πρέπει να αισθάνεστε για το Θεό.

Όταν γνωρίζετε ότι κάτι είναι σωστό, γιατί να μην προσπαθείτε να το πετύχετε; Γιατί να μη φωνάζετε και να κλαίτε για τον Κύριο μέχρι να συγκλονιστούν οι ουρανοί από τις προσευχές σας; [...] Να θυμάστε, το φωνακλάδικο μωρό είναι που τραβά την προσοχή της μητέρας. Το παιδί που ησυχάζει εύκολα, ικανοποιείται γρήγορα με παιχνίδια. Το απαιτητικό όμως μωρό θέλει μόνο τη μητέρα του και συνεχίζει να κλαίει μέχρι αυτή να έρθει.

ΝΑ ΚΑΛΕΙΤΕ ΤΗ ΘΕΪΚΗ ΜΗΤΕΡΑ ΜΕΣΑ ΑΠΟ ΤΗΝ ΨΥΧΗ ΣΑΣ

«Μητέρα, η ψυχή μου Σε αναζητά· δεν μπορείς πια να παραμένεις κρυμμένη». Κλείστε τα μάτια σας, σκεφτείτε το Θεό και καλέστε τη Θεϊκή Μητέρα μέσα από την ψυχή σας. Αυτό μπορείτε να το κάνετε οποτεδήποτε, οπουδήποτε. Άσχετα με τι άλλο κάνετε, μπορείτε να συζητάτε νοητικά με το Θεό: «Κύριε μου, Σε ψάχνω. Δεν επιθυμώ τίποτα άλλο εκτός από Σένα μόνο. Λαχταρώ να είμαι πάντα μαζί Σου. Με δημιούργησες κατ' εικόνα Σου· και το σπίτι μου βρίσκεται σ' Εσένα. Δεν έχεις το δικαίωμα να με κρατάς μακριά Σου. Μπορεί να έχω κάνει λάθη, επηρεασμένος από την αυταπάτη του συμπαντικού έργου Σου· επειδή όμως είσαι η Μητέρα μου, ο Πατέρας μου, ο Φίλος μου, ξέρω ότι θα με συγχωρήσεις και θα με ξαναδεχτείς. Θέλω να γυρίσω στο Σπίτι. Θέλω να έρθω σ' Εσένα».

—⁂—

Κάθε βράδυ, όταν κάθεστε να διαλογιστείτε, να

προσεύχεστε ασταμάτητα στο Θεό. Σπάστε τη σιωπή με τη λαχτάρα σας. Να φωνάζετε στο Θεό όπως θα φωνάζατε στη μητέρα ή στον πατέρα σας: «Πού είσαι; Εσύ με δημιούργησες. Μου έδωσες τη νοημοσύνη για να Σε αναζητώ. Βρίσκεσαι στα λουλούδια, στο φεγγάρι και στ' αστέρια· πρέπει να μένεις κρυμμένος; Έλα σ' εμένα. Πρέπει να έρθεις! Πρέπει να έρθεις!». Με όλη την αυτοσυγκέντρωση του νου σας, με όλη την αγάπη της καρδιάς σας, σκίστε τα πέπλα της σιωπής πάλι και πάλι. Όπως όταν αναταράσσετε συνεχώς το γάλα, στο τέλος βγαίνει πάνω το κρυμμένο βούτυρο, έτσι να αναταράσσετε τον αιθέρα με την αφοσίωσή σας και ο Θεός θα έρθει.

ΝΑ ΖΗΤΑΤΕ ΣΥΝΕΧΩΣ, ΜΕ ΟΛΗ ΣΑΣ ΤΗΝ ΚΑΡΔΙΑ, ΠΑΛΙ ΚΑΙ ΠΑΛΙ

Μη σταματάτε μέχρι να σας απαντήσει. Να ζητάτε με όλη σας την καρδιά, ξανά και ξανά: «Φανερώσου! Φανερώσου! Μπορεί τα άστρα να συντριβούν και η γη να διαλυθεί, αλλά η ψυχή μου θα συνεχίσει να Σου φωνάζει: "Φανερώσου!"». Η σιωπή Του θα σπάσει με το σταθερό και επίμονο σφυροκόπημα των προσευχών σας. Στο τέλος, σαν ένας αόρατος σεισμός, θα αποκαλυφθεί ξαφνικά. Τα τείχη της σιωπής που συγκρατούν τη δεξαμενή της συνειδητότητάς σας θα κλονιστούν και θα γκρεμιστούν κι εσείς θα αισθάνεστε ότι ρέετε σαν ένας ποταμός μέσα στον Παντοδύναμο Ωκεανό και θα Του πείτε: «Τώρα είμαι ένα μ' Εσένα· ό,τι έχεις, το ίδιο έχω κι εγώ».

ΤΜΗΜΑ

VI

Ανακτήστε το Εσωτερικό Σας Άδυτο

ΜΕΣΑ ΣΤΗΝ ΗΣΥΧΙΑ ΤΗΣ ΨΥΧΗΣ

Όταν ο Θεός δεν αποκρίνεται στις προσευχές σας, αυτό συμβαίνει επειδή δεν είναι ένθερμες. Αν Του προσφέρετε στεγνές μηχανικές προσευχές, δεν μπορεί να περιμένετε να τραβήξετε την προσοχή του Ουράνιου Πατέρα. Ο μόνος τρόπος να Τον φτάσετε μέσω της προσευχής είναι η επιμονή, η συνεχής προσευχή και το βάθος της θέρμης. Καθαρίστε το νου σας από κάθε τι αρνητικό, όπως είναι ο φόβος, η στενοχώρια, ο θυμός· ύστερα γεμίστε τον με σκέψεις αγάπης, προσφοράς και χαρούμενης προσμονής. Μέσα στο ιερό της καρδιάς σας πρέπει να είναι ενθρονισμένη μία δύναμη, μία χαρά, μία γαλήνη: ο Θεός.

Ο Θεός, με το άπειρο έλεός Του, μας χαρίζει τη χαρά Του, την έμπνευσή Του, αληθινή ζωή, αληθινή σοφία, αληθινή ευτυχία και αληθινή κατανόηση μέσα απ' όλες τις διάφορες εμπειρίες της ζωής μας. Το μεγαλείο όμως του Θεού αποκαλύπτεται μόνο μέσα στην απόλυτη ησυχία της ψυχής. [...]

Όσο περισσότερο επικεντρώνεστε στον εξωτερικό κόσμο, τόσο λιγότερα θα γνωρίζετε για το εσωτερικό μεγαλείο της αιώνιας χαράς του Πνεύματος. Όσο περισσότερο συγκεντρώνεστε μέσα σας, τόσο λιγότερες δυσκολίες θα έχετε στον εξωτερικό κόσμο.

—w—

Έστω και μία μόνο σκέψη μπορεί να σας λυτρώσει. Δε συνειδητοποιείτε πόσο αποτελεσματικά λειτουργούν οι σκέψεις σας στον αιθέρα.

—w—

Κάθε σκέψη που κάνουμε ενεργοποιεί μια συγκεκριμένη λεπτοφυή δόνηση. [...] Όταν διατυπώνετε νοητικά τη λέξη Θεός και συνεχίζετε να επαναλαμβάνετε αυτή τη σκέψη μέσα σας, ενεργοποιείται μια δόνηση η οποία προσκαλεί την παρουσία Του.

—w—

Να διαποτίζετε τα πάντα με τη σκέψη του Θεού. Συνειδητοποιήστε ότι όλα όσα υπάρχουν έχουν επίκεντρό τους το Θεό.

—∞—

Ο Θεός δε δωροδοκείται ποτέ, όμως είναι εύκολο να Τον συγκινήσετε με την ειλικρίνεια, την επιμονή, την αυτοσυγκέντρωση, την αφοσίωση, την αποφασιστικότητα και την πίστη.

—∞—

ΒΓΑΛΤΕ ΑΠΟ ΤΟ ΝΟΥ ΣΑΣ ΚΑΘΕ ΑΜΦΙΒΟΛΙΑ ΓΙΑ ΤΟ ΑΝ Ο ΘΕΟΣ ΘΑ ΑΠΑΝΤΗΣΕΙ

Πρέπει να βγάλετε από το νου σας κάθε αμφιβολία για το αν ο Θεός θα απαντήσει ή όχι. Οι περισσότεροι άνθρωποι δεν παίρνουν απάντηση λόγω της δυσπιστίας τους. Αν είστε απόλυτα αποφασισμένοι να πετύχετε κάτι, τίποτα δεν μπορεί να σας σταματήσει. Μόνον όταν εγκαταλείπετε την προσπάθεια γράφετε εσείς οι ίδιοι την ετυμηγορία εναντίον του εαυτού σας. Ο άνθρωπος της επιτυχίας δεν γνωρίζει τη λέξη «αδύνατο».

ΝΑ ΠΡΟΣΕΥΧΕΣΤΕ ΜΕ ΥΠΟΜΟΝΗ ΚΑΙ ΠΙΣΤΗ

Ας υποθέσουμε ότι έχετε υποθηκεύσει το σπίτι σας και δεν μπορείτε να πληρώσετε το χρέος σας. Ή ότι υπάρχει κάποια θέση εργασίας που θέλετε. Μέσα στη σιωπή που έρχεται μετά το βαθύ διαλογισμό, αυτοσυγκεντρωθείτε με ακλόνητη θέληση στη σκέψη αυτού που έχετε ανάγκη. Μην περιμένετε συνέχεια το αποτέλεσμα. Αν φυτέψετε ένα σπόρο στο χώμα κι ύστερα τον βγάζετε κάθε λίγο και λιγάκι για να δείτε αν μεγαλώνει, δε θα βλαστήσει ποτέ. Κατά τον ίδιο τρόπο, αν κάθε φορά που προσεύχεστε ψάχνετε κάποιο σημάδι ότι ο Θεός εισακούει την προσευχή σας, δε θα συμβεί τίποτα. Ποτέ μην προσπαθείτε να δοκιμάσετε το Θεό. Απλά συνεχίστε να προσεύχεστε ασταμάτητα. Το καθήκον σας είναι να κάνετε το Θεό να προσέξει την ανάγκη σας και να κάνετε αυτό που σας αναλογεί για να Τον βοηθήσετε να πραγματοποιήσει την επιθυμία σας. Για παράδειγμα, στην περίπτωση χρόνιων ασθενειών, κάντε ό,τι μπορείτε για να προωθήσετε τη θεραπεία, αλλά να ξέρετε μέσα στο νου σας ότι τελικά μόνον ο Θεός μπορεί να βοηθήσει. Να περιλαμβάνετε αυτή τη σκέψη κάθε βράδυ στο διαλογισμό σας και να προσεύχεστε με όλη σας την αποφασιστικότητα· κάποια μέρα, ξαφνικά, θα ανακαλύψετε ότι η ασθένεια θα έχει φύγει.

—∞—

Αφού φυτέψετε το σπόρο-απαίτηση στο χώμα της πίστης, μην τον βγάζετε κάθε τόσο για να τον εξετάσετε, γιατί δε θα βλαστήσει και δε θα φέρει ποτέ την εκπλήρωση. Να φυτεύετε το σπόρο-απαίτηση στην πίστη και να τον ποτίζετε με καθημερινές πνευματικές πρακτικές, απαιτώντας με τον σωστό τρόπο. Ποτέ μην αποθαρρύνεστε αν δεν είναι αμέσως ορατά τα αποτελέσματα. Να είστε σταθεροί στις απαιτήσεις σας και θα κερδίσετε ξανά τη χαμένη θεϊκή κληρονομιά σας· και τότε, και μόνο τότε, η Μεγάλη Ικανοποίηση θα επισκεφτεί την καρδιά σας. Να απαιτείτε μέχρι να εδραιώσετε τα θεϊκά δικαιώματά σας. Να απαιτείτε ακατάπαυστα αυτό που σας ανήκει και θα το λάβετε.

—∞—

Ακόμα και οι αληθινοί πιστοί θεωρούν μερικές φορές ότι ο Θεός δεν απαντά στις προσευχές τους. Απαντά πράγματι, σιωπηλά, μέσα από τους νόμους Του· αν όμως δεν είναι απόλυτα σίγουρος για τον πιστό, δε θα ανταποκριθεί φανερά, δε θα του μιλήσει. Ο Κύριος των Συμπάντων είναι τόσο ταπεινός που δε μιλά, μην τυχόν και επηρεάσει την ελεύθερη βούληση του πιστού να Τον επιλέξει ή να Τον απορρίψει. Μόλις Τον γνωρίσετε, δεν υπάρχει αμφιβολία ότι θα Τον αγαπήσετε. Ποιος θα μπορούσε να αντισταθεί στον Ακαταμάχητο; Πρέπει όμως να αποδείξετε την άνευ όρων αγάπη σας για το Θεό για να Τον γνωρίσετε. Πρέπει να έχετε πίστη. Πρέπει να ξέρετε πως όταν προσεύχεστε, σας ακούει. Τότε θα σας φανερωθεί.

ΜΕΣΑ ΣΤΗ ΣΠΗΛΙΑ ΤΗΣ ΕΣΩΤΕΡΙΚΗΣ ΣΙΩΠΗΣ ΘΑ ΒΡΕΙΤΕ ΤΗΝ ΠΗΓΗ ΤΗΣ ΣΟΦΙΑΣ

Ο νοητικά ακατανίκητος βρίσκει το Θεό μέσα στο ναό της καρδιάς του. Όποια κι αν είναι τα εμπόδια που αντιμετωπίζετε, αυτό μπορείτε να το κάνετε: μπορείτε να αναζητάτε το Θεό μέσα στο μυστικό άδυτο της καρδιάς σας· και μπορείτε να Τον αγαπάτε με όλη σας την καρδιά. Όποτε έχετε λίγο χρόνο ανάμεσα στα καθήκοντά σας, να αποσύρεστε στη σπηλιά της σιωπής μέσα σας. Δε θα βρείτε σιωπή ανάμεσα στα πλήθη. Αναζητήστε χρόνο για να μένετε μόνοι· και μέσα στη σπηλιά της εσωτερικής σιωπής, θα βρείτε την πηγή της σοφίας.

ΒΡΕΙΤΕ ΚΑΤΑΦΥΓΙΟ ΣΤΟΝ ΕΣΩΤΕΡΙΚΟ ΝΑΟ ΤΗΣ ΣΙΩΠΗΣ

Κάθε βράδυ να παραμένετε σιωπηλοί και ήρεμοι για τουλάχιστον μισή ώρα, κατά προτίμηση πολύ περισσότερο, πριν κοιμηθείτε, και να κάνετε το ίδιο το πρωί πριν αρχίσετε τις δραστηριότητες της ημέρας. Αυτό θα δημιουργήσει μια ακατανίκητη, ακλόνητη εσωτερική συνήθεια ευτυχίας, η οποία θα σας κάνει ικανούς να αντιμετωπίζετε όλες τις δύσκολες καταστάσεις της καθημερινής μάχης της ζωής. Έχοντας μέσα σας αυτή την αμετάβλητη ευτυχία, προχωρήστε ικανοποιώντας τις απαιτήσεις των καθημερινών αναγκών σας.

―⚘―

Εκεί όπου βρίσκεται ο νους σας, εκεί είναι που ξοδεύετε το χρόνο σας.

―⚘―

Όταν σας κυνηγούν οι τίγρεις της στενοχώριας, της

ασθένειας και του θανάτου, το μόνο καταφύγιό σας είναι ο εσωτερικός ναός της σιωπής. Ο βαθιά πνευματικός άνθρωπος ζει μέρα και νύχτα μέσα σε μια γαλήνια εσωτερική σιωπή, στην οποία δεν μπορούν να εισβάλουν ούτε οι απειλητικές στενοχώριες ούτε καν η συντριβή κόσμων που καταρρέουν. [...]

Καμιά ανθρώπινη γλώσσα δεν μπορεί να περιγράψει τη χαρά που αποκαλύπτεται στη σιωπή, πίσω από τις πύλες του νου σας. Πρέπει όμως να πείσετε τον εαυτό σας· πρέπει να διαλογίζεστε και να δημιουργήσετε αυτό το περιβάλλον. Όσοι διαλογίζονται βαθιά νιώθουν μια υπέροχη εσωτερική ησυχία. Αυτή η εσωτερική ακινησία πρέπει να διατηρείται ακόμα κι όταν βρίσκεστε σε συντροφιά με άλλους. Αυτό που μαθαίνετε στο διαλογισμό, να το εφαρμόζετε στις πράξεις σας και στις συζητήσεις σας· μην επιτρέπετε σε κανέναν να σας διαταράσσει απ' αυτήν την κατάσταση της ηρεμίας. Κρατάτε τη γαλήνη σας. [...] Στον εσωτερικό σας ναό της σιωπής, δεχθείτε το Θεό με την αφυπνισμένη σας διαίσθηση.

―⚬―

Ο Θεός βρίσκεται στην καρδιά και στην ψυχή κάθε πλάσματος. Κι όταν ανοίξετε μέσα σας τον εσωτερικό ναό στην καρδιά σας, τότε με την πάνσοφη διαίσθηση της ψυχής σας θα διαβάζετε το βιβλίο της ζωής. Τότε, και μόνο τότε, θα επικοινωνήσετε με το ζωντανό Θεό. Και θα Τον αισθανθείτε ως την πεμπτουσία της ύπαρξής σας. Χωρίς αυτήν την αίσθηση στην καρδιά σας, δε θα υπάρχει απάντηση στις προσευχές σας. Μπορεί να προσελκύετε όσα οι θετικές πράξεις σας και το καλό σας κάρμα σας επιτρέπουν να έχετε· για να λάβετε συνειδητή ανταπόκριση από το Θεό όμως, πρέπει πρώτα να επιτύχετε θεϊκό συντονισμό μαζί Του.

ΒΥΘΙΣΤΕΙΤΕ ΣΤΗ ΓΑΛΗΝΗ ΤΟΥ ΘΕΟΥ

Να καλείτε νοητικά το Θεό με όλη τη θέρμη και την ειλικρίνεια της καρδιάς σας. Να Τον επικαλείστε συνειδητά στο ναό της σιωπής· και στο βαθύτερο διαλογισμό, να Τον βρίσκετε μέσα στο ναό της έκστασης και της μακαριότητας. Να Τον υμνείτε με τη συνειδητότητα ότι είναι παρών. Μέσα από τις σκέψεις και τα συναισθήματά σας, να Του στέλνετε την αγάπη σας με όλη την καρδιά, το νου, την ψυχή και τη δύναμή σας. Μέσω της διαίσθησης της ψυχής σας νιώστε την εκδήλωση του Θεού να ξεσπά μέσα από τα σύννεφα της νευρικότητάς σας σαν μια υπέροχη γαλήνη και χαρά. Η γαλήνη και η χαρά είναι οι φωνές του Θεού που κοιμούνταν για πολύ καιρό κάτω από την άγνοιά σας, παραμελημένες και λησμονημένες μέσα στο θόρυβο των ανθρώπινων παθών.

Το βασίλειο του Θεού βρίσκεται ακριβώς πίσω από το σκοτάδι των κλειστών ματιών και η πρώτη πύλη που ανοίγει προς αυτό είναι η γαλήνη σας. Εκπνεύστε και χαλαρώστε και νιώστε αυτή τη γαλήνη να εξαπλώνεται παντού, στον εσωτερικό και στον εξωτερικό σας κόσμο. Βυθιστείτε μέσα της. Πάρτε μια βαθιά ανάσα. Εκπνεύστε. Τώρα ξεχάστε την αναπνοή σας. Επαναλάβετε μετά από μένα: «Πατέρα, σίγασαν οι θόρυβοι του κόσμου και των ουρανών. Βρίσκομαι μέσα στο ναό της ησυχίας. Το αιώνιο βασίλειό Σου της γαλήνης απλώνεται σιγά-σιγά μπροστά μου. Είθε αυτό το άπειρο βασίλειο, που για τόσο καιρό έμεινε κρυμμένο πίσω από το σκοτάδι, να παραμείνει εκδηλωμένο μέσα μου. Η γαλήνη γεμίζει το σώμα μου· η γαλήνη γεμίζει την καρδιά μου και κατοικεί μέσα στην αγάπη μου· γαλήνη μέσα μου, έξω μου, παντού. Ο Θεός είναι γαλήνη. Είμαι παιδί Του. Είμαι γαλήνη. Ο Θεός κι εγώ είμαστε ένα».

ΤΟ ΑΛΗΘΙΝΟ ΣΑΣ ΣΠΙΤΙ ΒΡΙΣΚΕΤΑΙ ΣΤΟ ΘΕΟ

Όταν είμαστε συντονισμένοι με το Θεό, ακούμε τη φωνή Του να λέει: «Σ' αγαπούσα πάντα· σ' αγαπώ τώρα· και θα σ' αγαπώ μέχρι να έρθεις στο Σπίτι. Είτε το γνωρίζεις είτε όχι, θα σ' αγαπώ πάντα».

Μας μιλά μέσα στη σιωπή και μας λέει να γυρίσουμε στο Σπίτι.

―∞―

Σε τελευταία ανάλυση, δε γίνεται να αποτύχει η προσπάθειά σας να πλησιάσετε το Θεό. Είναι ανόητο να ρωτάτε: «Θα μπορέσω να φτάσω στη βασιλεία των ουρανών;». Δεν υπάρχει άλλος τόπος για να μείνετε, γιατί αυτό είναι το πραγματικό σας σπίτι. Δε χρειάζεται να το κερδίσετε. Είστε ήδη παιδί του Θεού, δημιουργημένο κατ' εικόνα Του. Το μόνο που πρέπει να κάνετε είναι να βγάλετε τη μάσκα της ανθρώπινης υπόστασης και να συνειδητοποιήσετε το θεϊκό κληρονομικό σας δικαίωμα.

―∞―

ΜΕΣΑ ΣΤΟ ΝΑΟ ΤΗΣ ΣΙΩΠΗΣ ΘΑ ΣΑΣ ΠΡΟΣΦΕΡΕΙ ΤΟ ΔΩΡΟ ΤΟΥ ΕΑΥΤΟΥ ΤΟΥ

Είστε όλοι θεοί, μακάρι να το ξέρατε. Πίσω από το κύμα της συνειδητότητάς σας υπάρχει η θάλασσα της παρουσίας του Θεού. Πρέπει να κοιτάξετε μέσα σας. Μην επικεντρώνεστε στο μικρό κύμα του σώματος με όλες τις αδυναμίες του· κοιτάξτε κάτω απ' αυτό. Κλείστε τα μάτια σας και θα δείτε μπροστά σας την αχανή πανταχού παρουσία, όπου κι αν κοιτάξετε. Βρίσκεστε στο κέντρο αυτής της σφαίρας και καθώς υψώνετε τη συνειδητότητά σας από το σώμα και τις εμπειρίες του, θα διαπιστώσετε ότι αυτή η σφαίρα είναι γεμάτη από την υπέροχη χαρά και τη μακαριότητα που φωτίζει τα αστέρια και δίνει δύναμη στους ανέμους και στις θύελλες. Ο Θεός είναι η πηγή κάθε χαράς μας και κάθε εκδήλωσης στη φύση. […]

Αφυπνιστείτε από τη μελαγχολία της άγνοιας. Έχετε κλείσει τα μάτια σας στον ύπνο της αυταπάτης. Ξυπνήστε! Ανοίξτε τα μάτια σας και θα δείτε το μεγαλείο του Θεού – το αχανές πανόραμα του φωτός Του να απλώνεται πάνω σ' όλα τα πράγματα. Σας λέω να είστε θεϊκοί ρεαλιστές, και θα βρείτε την απάντηση όλων των ερωτημάτων στο Θεό. [...]

Πρέπει να διεκδικείτε το θεϊκό κληρονομικό σας δικαίωμα. Η ακατάπαυστη προσευχή σας, η απεριόριστη αποφασιστικότητα και η ασίγαστη επιθυμία σας για το Θεό, θα Τον κάνουν να σπάσει τον φοβερό όρκο της σιωπής Του και θα σας απαντήσει. Πάνω απ' όλα, μέσα στο ναό της σιωπής, θα σας προσφέρει το δώρο του Εαυτού Του.

Η ΠΡΟΣΕΥΧΗ ΠΟΥ ΠΡΕΠΕΙ ΝΑ ΚΑΤΕΧΕΙ ΤΗΝ ΠΡΩΤΗ ΘΕΣΗ ΣΕ ΚΑΘΕ ΚΑΡΔΙΑ

Ο Θεός είναι αληθινός και μπορεί να βρεθεί σ' αυτή τη ζωή.

Στην καρδιά των ανθρώπων υπάρχουν πολλές προσευχές –για χρήματα, φήμη, υγεία– προσευχές για κάθε τι. Η προσευχή όμως που πρέπει να κατέχει την πρώτη θέση σε κάθε καρδιά είναι η προσευχή για την παρουσία του Θεού. Σιωπηλά και με βεβαιότητα, καθώς βαδίζετε στο μονοπάτι της ζωής, πρέπει να συνειδητοποιήσετε ότι ο Θεός είναι το μόνο πράγμα, ο μοναδικός στόχος που θα σας ικανοποιήσει· γιατί σ' Εκείνον βρίσκεται η απάντηση για κάθε επιθυμία της καρδιάς. [...]

Η ψυχή σας είναι ένας ναός του Θεού. Το σκοτάδι της άγνοιας και των περιορισμών της θνητής φύσης πρέπει να εκδιωχθεί από το ναό. Είναι υπέροχο να βρίσκεται κάποιος στη συνειδητότητα της ψυχής – οχυρωμένος, δυνατός!

Μη φοβάστε τίποτα. Μη μισείτε κανέναν, να αγαπάτε τους πάντες, να αισθάνεστε την αγάπη του

Θεού, να Τον βλέπετε μέσα σε κάθε άνθρωπο και να έχετε μόνο μία επιθυμία: να νιώθετε τη διαρκή παρουσία Του μέσα στο ναό της συνειδητότητάς σας – αυτός είναι ο σωστός τρόπος ζωής σ' αυτόν τον κόσμο.

ΓΙΑ ΤΟΝ ΣΥΓΓΡΑΦΕΑ

Ο Παραμαχάνσα Γιογκανάντα (1893-1952) θεωρείται ευρέως ως μία από τις εξέχουσες πνευματικές μορφές των καιρών μας. Γεννημένος στη Βόρεια Ινδία, πήγε στις Ηνωμένες Πολιτείες το 1920, όπου για περισσότερα από τριάντα χρόνια δίδαξε την αρχαία επιστήμη του διαλογισμού της Ινδίας, καθώς και την τέχνη της ισορροπημένης πνευματικής ζωής. Μέσω της ιστορίας της ζωής του, της *Αυτοβιογραφίας Ενός Γιόγκι*, που έτυχε ευρείας και ενθουσιώδους απήχησης, καθώς και των πολυάριθμων άλλων βιβλίων του, εισήγαγε εκατομμύρια αναγνώστες στην αιώνια σοφία της Ανατολής. Κάτω από την καθοδήγηση μιας από τις πιο στενές μαθήτριές του, της Σρι Μριναλίνη Μάτα, το πνευματικό και ανθρωπιστικό έργο του συνεχίζεται από το Self-Realization Fellowship, τη διεθνή κοινότητα που ίδρυσε το 1920 για τη διάδοση των διδασκαλιών του σε όλο τον κόσμο.

ΒΙΒΛΙΑ ΣΤΑ ΕΛΛΗΝΙΚΑ ΑΠΟ ΤΟΝ ΠΑΡΑΜΑΧΑΝΣΑ ΓΙΟΓΚΑΝΑΝΤΑ

Διαθέσιμα από τα ελληνικά βιβλιοπωλεία:

Αυτοβιογραφία Ενός Γιόγκι
Διαθέσιμη από τις εκδόσεις «Εστία»

Μέζντα
Διαθέσιμο από τις εκδόσεις «Κέδρος»

Διαθέσιμα απ' ευθείας από τον εκδότη:

Self-Realization Fellowship
3880 San Rafael Avenue • Los Angeles, California 90065-3219
Τηλ. (323) 225-2471 • Φαξ (323) 225-5088
www.yogananda-srf.org

Αυτοβιογραφία Ενός Γιόγκι
(νέα μετάφραση) (Autobiography of a Yogi)

Επιστημονικές Θεραπευτικές Διαβεβαιώσεις
(Scientific Healing Affirmations)

Ο Νόμος της Επιτυχίας
(The Law of Success)

Μεταφυσικοί Διαλογισμοί
(Metaphysical Meditations)

ΒΙΒΛΙΑ ΣΤΑ ΑΓΓΛΙΚΑ ΑΠΟ ΤΟΝ ΠΑΡΑΜΑΧΑΝΣΑ ΓΙΟΓΚΑΝΑΝΤΑ

Διαθέσιμα απ' ευθείας από τον εκδότη:

Self-Realization Fellowship
3880 San Rafael Avenue • Los Angeles, California 90065-3219
Τηλ. (323) 225-2471 • Φαξ (323) 225-5088
www.yogananda-srf.org

Autobiography of a Yogi

The Second Coming of Christ:
The Resurrection of the Christ Within You
Ένας αποκαλυπτικός σχολιασμός πάνω στις αυθεντικές διδασκαλίες του Ιησού.

God Talks with Arjuna; The Bhagavad Gita
Μια νέα μετάφραση και σχολιασμός.

Man's Eternal Quest
Ο πρώτος τόμος διαλέξεων και ανεπίσημων ομιλιών του Παραμαχάνσα Γιογκανάντα.

The Divine Romance
Ο δεύτερος τόμος διαλέξεων, ανεπίσημων ομιλιών και δοκιμίων του Παραμαχάνσα Γιογκανάντα.

Journey to Self-realization
Ο τρίτος τόμος διαλέξεων και ανεπίσημων ομιλιών του Παραμαχάνσα Γιογκανάντα.

Wine of the Mystic:
The Rubaiyat of Omar Khayyam — A Spiritual Interpretation
Ένας εμπνευσμένος σχολιασμός που φέρνει στο φως τη μυστικιστική επιστήμη της κοινωνίας με το Θεό που είναι κρυμμένη πίσω από τα αινιγματικά λόγια των Ρουμπαγιάτ.

Where There Is Light:
Insight and Inspiration for Meeting Life's Challenges

Whispers from Eternity
Μια συλλογή από τις προσευχές και θεϊκές εμπειρίες του Παραμαχάνσα Γιογκανάντα στις εξυψωμένες καταστάσεις διαλογισμού.

The Science of Religion

The Yoga of the Bhagavad Gita:
An Introduction to India's Universal Science of God-Realization

The Yoga of Jesus:
Understanding the Hidden Teachings of the Gospels

In the Sanctuary of the Soul:
A Guide to Effective Prayer

Inner Peace:
How to Be Calmly Active and Actively Calm

To Be Victorious in Life

Why God Permits Evil and How to Rise Above It

Living Fearlessly:
Bringing Out Your Inner Soul Strength

How You Can Talk With God

Metaphysical Meditations
Περισσότεροι από 300 διαλογισμοί, προσευχές, και διαβεβαιώσεις που εξυψώνουν πνευματικά.

Scientific Healing Affirmations
Εδώ ο Παραμαχάνσα Γιογκανάντα παρουσιάζει μια εμβριθή εξήγηση της επιστήμης της διαβεβαίωσης.

Sayings of Paramahansa Yogananda
Μια συλλογή λεγομένων και σοφών συμβουλών που μεταφέρει τις ειλικρινείς και γεμάτες αγάπη απαντήσεις του Παραμαχάνσα Γιογκανάντα σ' αυτούς που ζήτησαν την καθοδήγησή του.

Songs of the Soul
Μυστικιστική ποίηση από τον Παραμαχάνσα Γιογκανάντα.

The Law of Success
Εξηγεί δυναμικές θεμελιώδεις αρχές για να κατορθώνει κάποιος τους στόχους του στη ζωή.

Cosmic Chants
Λέξεις (στα Αγγλικά) και μουσική σε 60 τραγούδια αφοσίωσης, με μια εισαγωγή που εξηγεί πώς ο πνευματικός ψαλμός μπορεί να οδηγήσει σε κοινωνία με το Θεό.

ΗΧΗΤΙΚΕΣ ΚΑΤΑΓΡΑΦΕΣ ΤΟΥ ΠΑΡΑΜΑΧΑΝΣΑ ΓΙΟΓΚΑΝΑΝΤΑ

Beholding the One in All

The Great Light of God

Songs of My Heart

To Make Heaven on Earth

Removing All Sorrow and Suffering

Follow the Path of Christ, Krishna, and the Masters

Awake in the Cosmic Dream

Be a Smile Millionaire

One Life Versus Reincarnation

In the Glory of the Spirit

Self-Realization: The Inner and the Outer Path

ΑΛΛΕΣ ΕΚΔΟΣΕΙΣ ΑΠΟ ΤΟ SELF-REALIZATION FELLOWSHIP

Ένας πλήρης κατάλογος που περιγράφει όλες τις δημοσιεύσεις και ηχητικές καταγραφές ή βίντεο ή dvd του Self-Realization Fellowship είναι διαθέσιμος κατόπιν αιτήματος.

The Holy Science
από τον Swami Sri Yukteswar

Only Love:
Living the Spiritual Life in a Changing World
από τη Sri Daya Mata

Finding the Joy Within You:
Personal Counsel for God-Centered Living
από τη Sri Daya Mata

God Alone:
The Life and Letters of a Saint
από τη Sri Gyanamata

"Mejda":
The Family and the Early Life of Paramahansa Yogananda
από τον Sananda Lal Ghosh

Self-Realization
(ένα τριμηνιαίο περιοδικό που άρχισε να εκδίδεται από τον Παραμαχάνσα Γιογκανάντα το 1925)

ΜΑΘΗΜΑΤΑ ΤΟΥ SELF-REALIZATION FELLOWSHIP

Οι επιστημονικές τεχνικές διαλογισμού που διδάχθηκαν από τον Παραμαχάνσα Γιογκανάντα, συμπεριλαμβανομένης της *Κρίγια Γιόγκα* –καθώς και της καθοδήγησής του σε όλες τις όψεις μιας ισορροπημένης πνευματικής ζωής– διδάσκονται από τα *Μαθήματα του Self-Realization Fellowship*. Για περισσότερες πληροφορίες, παρακαλούμε γράψτε μας για να σας στείλουμε το δωρεάν εξηγητικό φυλλάδιο, *"Undreamed of Possibilities"*, που είναι διαθέσιμο στα Αγγλικά, στα Ισπανικά και στα Γερμανικά.

Self-Realization Fellowship
3880 San Rafael Avenue • Los Angeles, California 90065-3219
Τηλ. (323) 225-2471 • Φαξ (323) 225-5088
www.yogananda-srf.org

www.ingramcontent.com/pod-product-compliance
Lightning Source LLC
Chambersburg PA
CBHW020007050426
42450CB00005B/351